Über

# die Laudation der Murdia

von

**A. F. Rudorff.**

Aus den Abhandlungen der Königl. Akademie der Wissenschaften zu Berlin 1868.

---

**Berlin.**
Buchdruckerei der Königl. Akademie der Wissenschaften (G. Vogt),
Universitäts-Strasse 8.
1869.

In Commission bei F. Dümmler's Verlags-Buchhandlung
(Harrwitz und Gossmann).

Über

# die Laudation der Murdia

von

**A. F. Rudorff.**

Aus den Abhandlungen der Königl. Akademie der Wissenschaften zu Berlin 1868.

---

**Berlin.**
Buchdruckerei der Königl. Akademie der Wissenschaften (G. Vogt),
Universitäts-Strasse 8.
1869.

In Commission bei F. Dümmler's Verlags-Buchhandlung
(Harrwitz und Gossmann).

Gelesen in der Akademie der Wissenschaften am 23. April 1868.
Die Seitenzahl bezeichnet die laufende Pagina des Jahrgangs 1868 in den Abhandlungen der philosophisch-historischen Klasse der Königl. Akademie der Wissenschaften.

Die längst bekannten nicht unerheblichen Überreste einer epigraphisch erhaltenen Sepulcralrede auf die Murdia haben sich der Gunst nicht zu erfreuen gehabt, welche der nahe verwandten Gedächtnifsrede auf die Turia, die Gattin des Q. Lucretius Vespillo, neuerdings zu Theil geworden ist. Während diese letztere durch ein ungedrucktes Bruchstück aus Sirmond's Papieren und durch ein zwar schon früher gedrucktes aber erst jetzt als zu ihr gehörig erkanntes Fragment in der erheblichsten Weise vermehrt wurde, ist die eine Hälfte des Steins, welcher jene Laudation der Murdia enthält, noch unentdeckt, die andere Hälfte aber, ungeachtet der sorgfältigen Nachforschungen, welche Hr. Henzen nach derselben anzustellen die Güte gehabt hat, weder in Rom selbst aufzufinden, noch ihr sonstiger Verbleib zu ermitteln gewesen.

Der Erste, der von dem römischen Steine überhaupt Kenntnifs nahm, war Winckelmann in seiner Geschichte der zeichnenden Künste. Ihn interessierte die Urkunde jedoch nur in paläographischer Beziehung, wegen des alterthümlichen *arduom* und *quom*, besonders aber wegen der Virgula über den Ablativen, über *laudarétur*, *feminárum*, *fecissé*, *ámissum*, *meruit, varietatés*, aus welcher er auf das Augustische Zeitalter der Inschrift schliefsen will. Daher copierte er nur die fünf ersten Zeilen ohne sich um das Weitere zu kümmern. Das Ganze erklärt er für das Testament einer Mutter: eine Meinung die augenscheinlich nur aus der Überschrift und einer ganz oberflächlichen Betrachtung des Inhalts geschöpft ist. Den "grofsen" Stein, auf welchem Winckelmann die Inschrift vorfand, sah er im Keller des Palazzo Rondanini in Rom. Der Erbe des Marchese Rondanini, fügt er hinzu, gebe auf das städtische Haus nicht viel, er huldige dem guten Geschmack und habe die erhebliche Anzahl von Statuen, Büsten und Gemälden, die sich während zweier Jahrhunderte aufgesammelt hatten, in eine ihm eigenthümlich gehörende Villa in geringer Entfernung von der Stadt schaffen lassen. Dafs der Stein mit diesen Kunstwerken zugleich fortgebracht worden sei, behauptet Winckelmann nicht. Im Gegentheil sah er ihn noch an dem nämlichen Morgen, an welchem er jene Worte niederschrieb, im Keller jenes römischen Palazzo. Da er sich nun dort gegenwärtig nicht mehr vorfindet, so bleibt wenigstens die Möglichkeit, dafs auch er später zur Ausschmückung der Villa aufser der Stadt verwendet worden ist.

Der Abate und Giureconsulto Carlo Fea, welcher 1784 die römische vermehrte und verbesserte Ausgabe der Winckelmann'schen Kunstgeschichte besorgte, berichtigt in einer Anmerkung zunächst Winckelmann's irrige Annahme in Betreff des Testamentscharacters der Urkunde, aber nur um ihr eine andere zu unterstellen, die ebenfalls kaum halbwegs richtig ist[1]). Die Urkunde selbst giebt Fea zum ersten Male vollständig.

---

[1]) Storia delle arte del disegno presso gli antichi di Giovanni Winckelmann Tradotta dal Tedesco e in questa edizione corretta e aumentata dall' abate Carlo Fea giureconsulto. Tomo terzo. In Roma MDCCLXXXIV. 4°. pag. 200. 201.

Queste note critiche non compariscono nelle iscrizioni posteriori al secolo d'Augusto.[c]) Questa mattina medesima ne ho trovato in una lapida grande, e per quanto io sappia, non mai pubblicata. Contiene il testamento d'una madre[d]), e sta nella cantina del marchese Rondanini.

MVRDIAE L · F · MATRIS

SED PROPRIIS VIRIBVS ADLEVENT QVO FIRMIORA PROBABILIORAQVE SINT
OMNES FILIOS AEQVE FECIT HEREDES PARTITIONE FILIAE DATA' AMOR
MATERNVS CARITATE LIBERVM AEQVALITATE PARTIVM CONSTAT
VIRO CERTAM PECVNIAM LEGAVIT etc.

Seiner Versicherung nach hat er sie von der Urschrift getreulich abgeschrieben. Der Stein, sagt er, stehe gegenwärtig auf der Terrasse des Palazzo Rondanini. Er war also aus dem Keller hervorgeholt, aber noch nicht aus der Stadt fortgeschafft. In der letzten der 30 ungleichen Zeilen fand Fea zwölf Buchstaben bis auf die oberen Spitzen zerstört. Der Schlufs fehlte. Die Charactere erklärt er für gut.[1])

Ich lasse daher die Abschrift Fea's, ihrer Abweichungen und sonstiger Bedenken ungeachtet[2]), um so mehr wieder abdrucken, als alle späteren Erwähnungen und Publicationen ausschliefslich auf sie zurückweisen.

---

Non l'ho copiata intiera, ma se v'importa d'averla sarete servito. L'iscrizione risente d' una grande antichità dall' ortografia, che ho osservata in alcune voci, che seguono ARDVO'M e QVOM. La virgola sta al solito sopra gli ablativi, ma si trova ancora in LAVDARE'TVR · FEMINA'RVM · FECISSE' · A'MISSVM · MERVI'T · VARIETATE'S. Il marche rimasto erede poco fa della casa sua, è portato per il buon gusto, ed ha fatto trasportare una quantità di statue, busti, e quadri, raccolti da duecento anni in quà, da una sua villa poco distante da Roma. (Lettere di Winckelmann. Articolo III).

c) Dagli esempi, que porta Bandini *l. cit. p. 59*, si prova il contrario; e potrebbero citarsi ben molte altre iscrizioni, che hanno quegli accenti, e sono sicuramente di più bassi tempi. Nella citata lettera al conte di Brühl, che è posteriore a questa, *p. 82* dell' edizione tedesca, e *pag. 128* dell' ultima traduzione francese, Winckelmann si è ristretto a dire, che si trovavano le iscrizioni con simili accenti da Augusto fino a Nerone, e cita il Fabretti *Inscr. cap. 3. pag. 167—173*, il quale li fa principiare dal tempo di Augusto arguendolo dai Cenotafj Pisani, ove si vedono.

d) O piuttosto un panegirico, che le fa una figlia; come lo fa un marito alla moglie in una bella e lunga iscrizione ora esistente nella villa Albani, e che può leggersi riportata nella *Indicazione antiquaria* di essa villa, *par. 3. n. 67. pag. 114.*

[1]) Fea l. c. p. 202 n. (A) p. 203 Poichè la citata iscrizione interessa in ispecie la giurisprudenza, e per quanto io sappia, è inedita, io la riporterò in fine di questo articolo, come l'ho fedelmente copiata dall' originale lapida, che ora sta sul terrazzo del palazzo dello stesso signor marchese Rondanini. Nell' ultima linea manca una parola, o due, delle quali appena si vedono le sommità delle lettere, che non ho potute capire. Il resto appresso manca affatto. I caratteri sono buoni.

[2]) Zeile 2 CAETERA *F* fehlt bei *W*; Zeile 2 und 3 *F* bilden bei *W* eine Zeile; Zeile 4 hat *W* datá, *F* data; Zeile 17 hat *F* laudaretur', *W* laudarétur; Zeile 20 hat *F* féminárum, *W* feminárum; Zeile 25 fehlt zwischen NE und QVOD bei *F* die Interpunction; Zeile 26 hat *W* ámissum, *F* amissum.

MVRDIAE · L · F · MATRIS

SED · PROPRIIS · VIRIBVS · ADLEVENT · CAETERA · QVO' · FIRMIORA
PROBABILIORAQVE · SINT
OMNES · FILIOS · AEQVE · FECIT · HEREDES' · PARTITIONE · FILIAE · DATA · AMOR
MATERNVS · CARITATE · LIBERVM · AEQVALITATE · PARTIVM · CONSTAT
VIRO · CERTAM · PECVNIAM · LEGAVIT · VT · IVS' · DOTIS · HONORE · IVDICI · AVGERETVR
MIHI · REVOCATA · MEMORIA · PATRIS · EAQVE · IN · CONSILIVM · ET · FIDE · SVA · AD
HIBITA'· AESTVMATIONE · FACTA' · CERTAS' · RES · TESTAMENTO · PRAELEGAVIT
NEQVE · EA · MENTE · QVO · ME · FRATRIBVS · MEIS · QVOM · FORVM · *(sic)* ALIQVA'
CONTVMELIA' · PRAEFERRET' · SED · MEMOR · LIBERALITATIS · PATRIS · MEI
REDDENDA · MIHI · STATVIT' · QVAE · IVDICIO · VIRI · SVI · EX · PATRIMONIO
MEO · CEPISSET' · VT · EA · V'SSV · SVO · CVSTODITA · PROPRIETATI · MEAE · RESTI
TVERENTVR
CONSTITIT · ERGO · IN · HOC' · SIBI · IPSA · VT · A' · PARENTIBVS · DIGNIS · VIRIS · DATA
MATRIMONIA · OBSEQVIO' · PROBITATE · RETINERET · NVPTA · MERITEIS · GRA
TIOR · FIERET' · FIDE · CARIOR · HABERETVR' · IVDICIO · ORNATIOR · RELINQVERE
TVR' · POST · DECESSVM · CONSENSV' · CIVIVM · LAVDARETVR' · QVOM · DISCRIPTIO
PARTIVM · HABEAT · GRATVM · FIDVMQVE · ANIMVM · IN · VIROS' · AEQVALITA
TEM · IN · LIBEROS' · IVSTITIAM · IN · VERITA'TE
QVIBVS · DE · CAVSEIS · Q · QVOM · OMNIVM · BONARVM · FE'MINA'RVM · SIMPLEX · SIMI
LISQVE · ESSE · LAVDATIO · SOLEAT · QVOD · NATVRALIA · BONA · PROPRIA' · CVSTO
DIA' · SERVATA · VARIETATES' · VERBORVM · NON · DESIDERANT' · SATISQ'VE · SIT
EADEM · OMNES · BONA' · FAMA' · DIGNA · FECISSE' · ET · QVIA · ADQVIRERE
NOVAS · LAVDES · MVLIERI · SIT · ARDVOM' · QVOM · MINORIBVS · VARIETA
TIBVS · VITA · IACTETVR' · NECESSARIO · COMMVNIA · ESSE · COLENDA' · NE QVOD
AMISSVM · EX · IVSTIS · PRAECEPTEIS · CETERA · TVRPET
EO' MAIOREM · LAVDEM · OMNIVM · CARISSIMA · MIHI · MA'TER · MERVIT' · QVOD
MODESTIA' · PROBITATE' · PVDICITIA' · OBSEQVIO' · LANIFICIO' · DILIGENTIA' · FIDE'
PA'R · SIMILISQVE · CETEREIS · PROBEIS · FEMINIS · FVIT' · NEQVE · V'LLI · CESSIT' · VIR
TVTIS' · LABORIS' · SAPIENTIAE' · · · · · 12 · · · · · PRAECIPVAM · AV'T · CERTE

Nach Fea hat zuerst Niebuhr in den Vaticanischen Bruchstücken der Reden pro M. Fonteio, pro C. Rabirio, des 91sten Buchs des Livius und des Lucius Seneca, die er 1820 in Rom herausgab, der Grabrede auf die Murdia eingehender gedacht. Aber auch er kennt sie nur aus Fea's Abschrift.[1])

---

[1]) M. Tullii Ciceronis orationum pro M. Fonteio et pro C. Rabirio fragmenta, T. Livii lib. XCI fragmentum plenius et emendatius, L. Senecae fragmenta ex membranis bibliothecae Vaticanae edita a B. G. Niebuhrio C. F. Romae 1820 p. 55 'ussus in laudatione Murdiae perscripta nomine filiae, quam v. cl. Carolus Fea primus edidit. Quam Murdiam eandem esse feminam quae a marito laudetur, ut hoc in transitu dicam, vehementer suspicor: neque enim obstat divortium propter desperatam fecunditatem factum:

Orelli, welcher die Inschrift im Jahre 1828 republicierte, bezieht sich ebenfalls nur auf Fea und Winckelmann's Werke Bd. 2 S. 338 ohne genauere Bezeichnung der Ausgabe.[1]) Um so bedenklicher mufs es erscheinen, dafs er die Zeilen ganz anders abbricht als Fea, dafs die gröfseren Charaktere der Überschrift nicht unterschieden sind, dafs die Interpunction abweicht, endlich dafs die äufsere Gestalt der Inschrift, die gerade hier von besonderer Wichtigkeit ist, weil sich aus ihr allein das Verhältnifs des erhaltenen zum verlorenen Theile bestimmen läfst, in keiner Weise angedeutet worden ist.[2])

---

nam liberi, de quibus in altera laudatione sermo fit, ex priore matrimonio suscepti fuerant'. — Orelli zu n. 4860 läfst die Frage unentschieden: '*Murdiam*, sagt er, istam eandem censet feminam, quae in praecedd. fragmm. a marito laudetur, Niebuhr, *Fragmm. Cic.* p. 55. sed res est plane incerta'.

[1]) Winckelmanns Werke erschienen in vier Bänden, Dresden 1808 und 1810, die Fortsetzung 1812 und 1815.

[2]) Orelli n. 4860 giebt die Inschrift nach Fea in Winckelmann Storia dell' arte 3. p. 202 und Winckelmann's Werken T. 2. p. 338. Er bricht aber die vierte Zeile schon hinter PARTITIONE, statt hinter AMOR, die fünfte erst hinter PECVNIAM (Zeile 6), statt hinter CONSTAT ab. Die siebente Zeile schliefst er mit CONSILIVM, während sie erst mit AD endigt, die achte mit CERTAS statt mit PRAELEGAVIT, die zehnte mit LIBERALITATIS statt mit MEI, die elfte mit IVDICIO statt mit PATRIMONIO. Während die zwölfte Zeile mit RESTI abbricht und die dreizehnte den Schlufs TVERENTVR enthält, setzt Orelli hinter RESTI einen Punkt und schliefst schon die Zeile 12 mit TVERENTVR. Die vierzehnte Zeile endigt bei Orelli schon mit PARENTIBVS · und nicht erst mit DATA, die funfzehnte mit PROBITATE statt mit GRA, die sechszehnte mit FIDE statt RELINQVERE in RELINQVERETVR, die siebzehnte mit QVOM und nicht erst mit DISCRIPTIO ·, die achtzehnte mit ANIMVM anstatt AEQVALITA in AEQVALITATEM. Die zwanzigste Zeile schliefst bei Fea erst mit SIMI in SIMILISQVE ·, bei Orelli schon mit FEMINARVM, die einundzwanzigste bei Fea mit CVSTO, bei Orelli schon mit QVOD, die zweiundzwanzigste bei Fea mit SIT, bei Orelli mit VARIETATES, die dreiundzwanzigste bei Fea erst mit ADQVIRERE, bei Orelli schon mit dem ersten Worte EADEM, während Letzterer mit ADQVIRERE die folgende beendigt, also hier zwar in dem Schlufs, aber nicht in der Zeilenzahl mit Fea wieder zusammentrifft. In den folgenden Zeilen gehen beide sofort wieder auseinander. Denn die vierundzwanzigste Zeile bricht Orelli schon mit MINORIBVS, Fea erst mit VARIETA ab, die fünfundzwanzigste endet bei Orelli mit COMMVNIA, bei Fea mit NE QVOD, welches Orelli überdies durch Interpunktion trennt, die bei Fea fehlt. Die sechsundzwanzigste Zeile schliefst Orelli mit PRAECEPTEIS, Fea erst mit TVRPET. Die siebenundzwanzigste endet bei Fea erst mit QVOD, bei Orelli schon mit CARISSIMA, in welchem Worte er aufserdem das erste I verlängert. Zeile achtundzwanzig bricht Orelli schon mit PROBITATE, Fea erst mit FIDE ab, mit welchem Worte Orelli die folgende Zeile schliefst, so dafs beide im Anfang von Zeile 29 wieder zusam-

Dieselben Ausstellungen treffen den Wiederabdruck in der italienischen Octavausgabe der Werke Winckelmanns, welche im Jahre 1831 erschien, wenigstens zum Theil. Das Format hat auch hier die Reproduction der äufsern Gestalt unmöglich gemacht, einzelner grober Fehler, die sich eingeschlichen haben, nicht zu gedenken[1]).

Noch leichtsinniger ist endlich die Publication, welche Egger im Jahre 1843 unter den Auspicien der Villemain'schen Verwaltung unternommen hat. Er schiebt die Laudation der Murdia zwischen zwei Abschnitte der Grabrede auf die Turia ein, deren ersten er als eine Sepulcralrede eines Ehemanns auf seine Gattin bezeichnet, während der zweite Abschnitt der nämlichen Rede die Laudation einer Mutter durch ihren Sohn vorstellen soll. Den Text giebt er seiner Behauptung nach aus Fea und Orelli. Allein ohne Zweifel hat er bei dem erstern nicht nachgesehen; sonst könnte er nach der Überschrift unmöglich eine Lücke anzeigen und den erhaltenen Text mit einem gröfseren Buchstaben anfangen. Dieser Buchstabe trifft überdies zum Unglück gerade auf das Wort *sed*, so dafs die Urkunde nach Egger die stilistische Merkwürdigkeit eines Anfangs mit 'Sondern' darbieten würde. Das Accentuationssystem läfst Egger ganz unbeachtet, ebenso alle Zeilenschlüsse und Absätze, die freilich ebenfalls nur bei Fea zu finden waren. Die Orthographie behandelt er nach Gutdünken: aus *íssu* welches in der zwölften Zeile für *usu* steht, macht er *iussu*, so dafs der Gegensatz mit *proprietati* völlig verloren geht[2]).

---

mentreffen, am Schlufs derselben aber sofort wieder auseinander gehen, indem Fea diese erst mit VIR in VIRTVTIS, Orelli aber schon mit FVIT abbricht. Die letzte Zeile hat Orelli in zwei zerlegt, von denen die erste mitten in der Lücke abbricht, die zweite den Rest der Lücke und den Schlufs erhält. Vermöge dieser Abweichungen im Schlufs und Anfang der Zeilen stellt sich die Gesammtzahl der Zeilen bei Orelli auf 35, also auf 5 mehr als bei Fea fest.

[1]) Fea's Publication wurde in den Opere di G. G. Winckelmann, prima edizione italiana completa. Tom. VII. Prato MDCCCXXXI wiederholt. Die Inschrift steht hier mit Fea's Anmerkungen pag. 28—30. Allein der Abdruck ist uncorrect: des Octavformates wegen sind die Zeilen gebrochen, so dafs man kein Bild der Tafel erhält und Zeile 15 steht MERITIS für MERITEIS, Zeile 20 SIMPLES für SIMPLEX, Zeile 29 PAP für PAR.

[2]) Latini sermonis vetustioris reliquiae selectae, recueil publié sous les auspices de M. Villemain, ministre de l'instruction publique, par A. E. Egger, professeur suppléant à

Die Fea'sche Copie, auf welche wir nach dem Gesagten allein angewiesen sind, weil einzig nur Fea den Stein selbst gesehen und abgeschrieben hat, läfst mit Sicherheit auf folgende Gestalt der Urkunde schliefsen. Sie war auf einem grofsen Stein, doppelt so grofs, als das Stück, welches Winckelmann und Fea sahen, in zwei Columnen eingegraben. Beide waren durch eine gemeinschaftliche, mittels gröfserer Charactere ausgezeichnete Überschrift mit einander verbunden. In unbekannter Zeit ist der Stein in zwei Hälften geschieden, welche genau den gedachten beiden Columnen entsprechen. Die Hälfte links vom Beschauer mit der auf sie treffenden Hälfte der gemeinsamen Überschrift ist nicht wieder zum Vorschein gekommen. Die Hälfte rechts vom Leser mit der Überschriftshälfte *Murdiae L(ucii) f(iliae) matris* ist dagegen so gut wie vollständig überliefert: denn nur in der letzten Zeile sind zwölf leicht zu ergänzende Buchstaben unleserlich und der Satz, welchem sie angehören, kündigt sich so sehr als Schlufssatz an, dafs nach dieser Zeile nur noch wenige Worte einer noch folgenden verloren gegangen sein dürften. Die äufsere Gewalt, welche die gedachten zwölf Buchstaben bis auf die Spitzen zerstörte, mag auch diese letzte Zeile vollständig vernichtet haben.

Ist diese Annahme richtig, so enthielt die vollständige Inschrift mit Einschlufs der zwei Zeilen füllenden ganzen Überschrift 62 Zeilen. Davon sind erhalten die 30 Zeilen der Columne rechts, mit Einschlufs der halben Überschrift, während der gleiche Bestand der Columne links und aufserdem die letzte Zeile beider Columnen verloren ist.

Das ganze hatte also folgende Gestalt:

---

la faculté des lettres de Paris et maître de conférences à l'école normale. Ouvrage autorisé par le conseil royal de l'Instruction publique. Paris chez C. Hachette libraire de l'université royale de France. Rue Pierre-Sarrazin. 12. 1843. De l'imprimerie de Crapelet, rue de Vaugirard, No. 9 pag. 322. 323. Überschrift: '§ II. Laudatio matris a filio scripta'. In der Note (1) 'Publié par Fea dans son édition de Winckelmann, *Storia* dell' Arte, t. III. p. 202. — Orelli, n. 4860'. Darauf wird bemerkt: 'Le texte de ce monument porte sur le marbre un certain nombre d'accents ou d'apostrophes, distribués d'une façon très-arbitraire, et que nous n'avons pas cru devoir reproduire, ayant déjà donné plus haut, § I, un exemple de ces singularités, qui sont demeurées jusqu'ici sans explication'.

[Erste Columne].

*DIs Mánibus*

*filiis praecepit, ut bona sua non fiducia hereditatis*

## [Zweite Columne].

### Murdiae L(uci) f(iliae) matris

sed proprIs víribus adlevent, [caetera] quó firmiora probabilioraque sint.

Omnes fIlios aeque fecit heredés, partItione filiae data. amor maternus caritate liberum, aequalitate partium constat.

Viro certam pecuniam legavit, ut iús dotis honore iudicI augeretur.

Mihi, revocata memoria patris eaque in consilium et fide sua ad hibitá, aestumatione factá, certás res testamento praelegavit, neque ea mente, quo me fratribus meIs quom *e*orum aliquá contumeliá praeferrét, sed, memor lIberalitatis patris mei, reddenda mihi statuít quae iudicio viri sui ex patrimonio meo cepissét, ut ea, ússu suo custodita, proprietati meae resti tuerentur.

Constitit ergo in hóc sibI ipsa, ut, á parentibus dignIs virIs data, matrimonia obsequió probitate retineret, nupta meriteis gra tior fierét, fide carior haberetúr, iudicio ornatior relinquere túr, post decessum consensú civium laudaretúr, quom discriptio partium habeat gratum fIdumque animum in virós, aequalita tem in liberós, iustitiam in veritáte.

Quibus de causeis [q.] quom omnium bonarum féminárum simplex simi lisque esse laudatio soleat, quod naturalia bona, propriá custo diá servata, varietatés verborum non desideránt, satisqúe sit eadem omnes boná famá digna fecissé, et quia adquIrere novas laudes mulieri sit arduóm, quom minoribus varieta tibus vita iactetúr, necessario communia esse colendá, ne quod amissum ex iustIs praecepteis cetera turpet,

eó maiorem laudem omnium carissima mihi máter meruít, quod modestiá probitaté pudicitiá obsequió lanifició diligentiá fidé pár similisque cetereis probeis feminIs fuít, neque úlli cessít, vir tutís laborís sapientiaé *iudicI nomine* praecipuam aút certe *aequalem famam adsecuta est.*

Die 30 erhaltenen Zeilen sind von ungleicher Länge und Buchstabenzahl. Die Überschrift hat 15 gröfsere Buchstaben. In den Textzeilen schwankt die Ziffer zwischen 9 und 50. Die Kommata sind getrennt durch Spatien in den jedesmaligen letzten und durch Vorspringen der ersten Zeile. In der Regel bezeichnet ein solcher Absatz zugleich den Schlufs des ganzen Abschnitts. Doch trennt er, wo dieser zu lang ist, auch den Vordersatz vom Nachsatz. So im Anfang Zeile 3 und in dem langathmigen Schlufssatz Zeile 27. Durch gröfsere Anfangsbuchstaben ist übrigens in dieser Urkunde kein Absatz ausgezeichnet.

Im Gebrauch des Apex stimmt die Inschrift zwar im Allgemeinen mit der Trauerrede auf die Turia und dem Monument von Ancyra überein. Doch sind folgende Eigenthümlichkeiten zu bemerken.

Die Unterscheidung der langen Vocale, der durch Position langen Endsilben und der Diphthongen durch den Apex begegnet noch häufiger als in der Rede auf die Turia, dem Monument von Ancyra (in welchen sie vielleicht erst von den Abschreibern übersehen ist) und dem Decurionendecret von Puteoli (Degenkolb in der Ztschr. für Rechtsgesch. IV. 1865 S. 474f). Eine vollständige Durchführung übereinstimmend mit Quintilian's bekannter Regel[1]) ist aber auch in unserer Urkunde nicht versucht worden.

Die einzelnen Vocale und Consonanten sind vielmehr in nachstehender Art accentuiert: a hat den Apex in adhibitá 8, factá 8, certás 8, aliquá 9, contumeliá 10, á 14, veritáte 19, féminárum 20, propriá 21, custodiá 22, desideránt 22, boná famá 23, máter 27, modestiá 28, pudicitiá 28, diligentiá 28, pár 29. Dagegen fehlt der Apex über data 4, caritate, aequalitate 5, revocata memoria und sua 7, ea 9, liberalitatis 10, proprietati 12,

[1]) Quintilian. inst. 1, 7 Cuius (orthographiae) ars non in hoc posita est, ut noverimus quibus quaeque syllaba litteris constet (nam id quidem infra grammatici officium est), sed totam, ut mea facit opinio, subtilitatem in dubiis habet. 2 ut longis syllabis omnibus apponere apicem ineptissimum est, quia plurimae natura ipsa verbi, quod scribitur, patent, sed interim necessarium, cum eadem littera alium atque alium intellectum, prout correpta vel producta est, facit, ut 'malus' utrum arborem significet, an hominem non bonum, apice distinguitur, 3 'palus' aliud priore syllaba longa, aliud sequenti significat et cum eadem littera nominativo casu brevis, ablativo longa est, utrum sequamur, plerumque hac nota monendi sumus. — Wegen der (uneigentlichen) apices iuris vgl. Ulp. L. 29 § 4 D. mand. (17, 1).

probitate 15, aequalitatem 18. 19, naturalia 21, varietatés 22, novas 24, varietatibus 24. Mit Unrecht steht er über dem Accusativ des Pluralis colenda 25.

ae hat ihn über sapientiaé 30, während er bei filiae 4 fehlt.

au hat den Apex in aút 30.

e in heredés 4, féminárum 20, varietatés 22. Er fehlt aber in omnes 4, res 8, laudes 24. In fide 7. 16. 28 wechselt der Gebrauch bei demselben Wort. Unrichtig wird er in satisqúe 22, fecissé 23, probitaté 28 verwendet.

i ist über die Linie verlängert in proprIs 2, vIribus 2, fIlios 4, partItione 4, iudicI 6, meIs 9, lIberalitatis 10, sibI 14, dignIs virIs 14, fIdumque 18, adquIrere 23, iustIs 26, feminIs 29. — Mit diesem langen I wechselt aber zur Bezeichnung der breiteren Aussprache das ei in meriteis 15, causeis 20, praecepteis 26, cetereis probeis feminIs 29.

o hat die Virgula in quó 2, hóc 14, obsequió 15, virós 18, liberós 19, eó 27, obsequió 28, lanifició 28; sie fehlt aber in testamento 8, quo 9, iudicio 11, meo 12, suo 12, iudicio 16.

u hat den Apex in iús 6, ússu 12, consensú 17, laudaretúr 17, iactetúr 22, úlli 29.

Die auf einen Consonanten auslautenden kurzen Endsilben erhalten regelmäſsig den Apex wenn sie durch Position lang werden: so in prae ferrét sed 10, statuít quae 11, fierét fide 16, relinqueretúr post 17, laudaretúr quom 17, desideránt satisqúe 22, iactetúr necessario 25, meruít quod 27, fuít neque 29, cessít virtutis 29. 30, virtutís laborís 30, laborís sapientiaé 30. Folgt ein Vocal so fehlt der Apex: so in legavit ut 6. Allein ausnahmslos ist auch diese Regel nicht. Bei praelegavit neque 8. 9, retineret nupta 15, soleat quod 21 fehlt der Apex, während er in cepissét ut 12, haberetúr iudicio 16 verwendet wird, obgleich dort eine Länge durch Position eintritt, hier dagegen ein Vocal folgt.

Nach der Silbenzahl vertheilt sich der Apex wie folgt:

Einsilbige Wörter: quó 2, iús 6, hác 14, á 14, pár 29, aút 30.

Zweisilbige: factá 8, certás 8, meIs 9, ússu 12, sibI 14, dignIs 14, virIs 14, virós 18, famá 23, iustIs 24, máter 27, fuít 29, úlli 29, cessít 29.

Dreisilbige: proprIs 2, vIribus 2, filiós 4, heredés 4, iudicI 6, aliquá 9, praeferrét 10, statuít 11, cepissét 12, fierét 16, consensú 17, fIdumque 18, liberós 19, propriá 20, satisqúe 22, fecissé 23, arduóm 24, iactetúr 25, meruít 27, feminIs 29, virtutís, laborís 30.

Viersilbige: adhibitá 8, laudaretúr 14, obsequió 11, haberetúr 16, veritáte 19, feminárum 20, custodiá 22, desideránt 22, adquIrere 23, modestiá 28, obsequió 28.

Fünfsilbige: partItione 4, pudicitiá 5, relinqueretúr 17, varietatés 22, sapientiaé 30.

Sechssilbige: lIberalitatis 10.

Die äufsere Gestalt des Apex hat Fea durch ein nach links gebogenes Häkchen wiedergegeben, Es dürfte sich aber mehr empfehlen, für den Apex die uns geläufigeren Accente zu verwenden und ich habe daher, ausser dem I, diese gebraucht. Es wird jedoch nicht überflüssig sein zu bemerken, dafs damit keineswegs Ritters[1]), Kellermann's und Jahn's[2]) Untersuchungen über die Betonung widersprochen und eine Verwendung des Apex für die Accentuation behauptet werden soll, welche schon durch die nicht seltene Bezeichnung der tonlosen Endsilben ausgeschlossen sein würde.

In Bezug der Rechtschreibung enthält die Inschrift gleich dem Ancyranum keinerlei Noten aufser der gewöhnlichen Abkürzung des Pränomen.

Dafs die Überschrift durch gröfsere Buchstaben hervorgehoben ist, die Abschnitte abgesetzt und um zwei Buchstaben vorgerückt, aber durch keine gröfseren Anfangsbuchstaben ausgezeichnet sind, ist schon oben bemerkt worden.

Interpungiert wird nach jedem Wort, auch (abweichend vom Ancyranum) zwischen der Präposition und dem Hauptwort in. virós 18, in. liberós 19, in. veritáte 19.

---

[1]) Elemente der lateinischen Grammatik I pag. 77—102.

[2]) Specimen epigraphicum in memoriam Olai Kellermanni edidit Otto Jahn. Kiliae 1841 pag. 103 — 128 disputatio de accentibus in inscriptionibus Latinis e commentario inscriptionum Dalmaticarum excerpta; pag. 116 — 128 alphabetisches Verzeichnifs der accentuierten ein- bis sechssilbigen und verstümmelten Wörter; pag. 116 — 128 Nachlese des Herausgebers.

Am Ende der Zeilen werden die Endsilben abweichend von der ältern Sitte und dem Gebrauch des Augustus nicht untergeschrieben und eingeklammert, sondern abgebrochen, wie dies auch schon im Ancyranum, ja in der Grabschrift der Turia geschehen ist. So 12. 13 resti|tuerentur, 15. 16 gra|tior, 16. 17 relinquere|túr, 18. 19 aequalita|tem, 20. 21 simi|lisque, 21. 22 custo|diá, 24. 25 varieta|tibus, 29. 30 vir|tutís.

Der Genetiv der zweiten Declination lautet wie im Ancyranum auf ein einfaches i aus in iudicI 6.

In den zwischen u und i schwankenden Formen wechselt der Stein, v. 8 steht aestumatione, v. 27 carissima, während in der Laudation der Turia das u, im Monument von Ancyra schon das neuere i constant ist.

Die Präfixe werden nicht assimiliert, anstatt dafs in der Laudation der Turia und dem Ancyranum die Assimilation schwankt, hat die Inschrift v. 2 adlevent, v. 23 adquIrere.

Sed v. 2. 10 ist durchgängig mit d statt t geschrieben.

Für cum als Präposition v. 9 und als Partikel v. 17. 20 erscheint allenthalben quom, wogegen die Grabrede auf die Turia zwischen beiden Formen abwechselt.

Im Nominativ des Neutrum, zweite Declination, kommt nur einmal o in arduóm v. 24 vor, sonst überall schon u in consilium v. 7, decessum v. 17, gratum fIdumque animum v. 18, amissum 26.

Das doppelte s wird in ússu v. 12, das einfache v. 20 in causeis gebraucht, wo das Ancyranum das doppelte hat.

In caetera v. 2 und cetereis v. 29 würde die Schreibung zwischen dem einfachen und Doppellaut schwanken, wenn nicht caetera ohne Zweifel auf falscher Lesung beruhte.

In Betreff der Abwandlung endlich ist hervorzuheben, dafs v. 5 für liberorum, liberum steht. In den Dativen und Ablativen der zweiten Declination ist das alterthümliche eis v. 15 in meriteis, v. 20 in causeis, v. 26 praecepteis, v. 29 cetereis probeis gebraucht. Daneben kommt zwar die neuere Form is in proprIls v. 2, meIs v. 9, dignIs virIs v. 14, feminIs v. 29, jedoch jedesmal mit verlängertem I vor. Die Nominative und Ablative der dritten Declination lauten im Plural durchgängig auf es aus. Wenn im Ancyranum noch beide Endungen wechseln, so steht in unserem Denkmal v. 4 omnes und heredés, v. 22 varietatés, v. 23 omnes, v. 24 laudes.

Ein Versehen des Arbeiters begegnet nur einmal in Zeile 20, wo Q. QVOM für das einfache quom steht. Der Arbeiter hatte hinter Q. einen Punkt gesetzt und corrigierte dieses Versehen nach römischer Weise durch berichtigende Wiederholung des falsch Geschriebenen. Dagegen scheint discriptio partium v. 17, 18 nicht vom Quadratarius, sondern vom Concipienten auszugehen.

Die vorstehenden orthographischen Eigenheiten haben jedoch noch ein anderes als ein grammatisches Interesse: sie bieten wenigstens nach einer Seite einigen Anhalt für das Alter der Urkunde dar.

Es ist bekannt, dafs der Apex über den langen Vocalen und daneben das verlängerte I zuerst auf der Marmorbase gefunden wird, welche um 711 zu Ehren des Divus Iulius auf Befehl des römischen Volks nach der Lex Rufrena errichtet ward[1]), während die Tempelinschrift von Furfo aus dem Jahre 696[2]) von beiden noch keine Spur enthält. Da nun der Apex in unserer Inschrift wie wir sahen, fast so vollständig wie in der Grabrede der Turia (746 — 752 oder 8 — 2 vor Christi) und dem Ancyranum (766 oder 12 nach Christo) verwendet wird, so ist hiermit eine Zeitbestimmung für den Anfang wenigstens insofern gewonnen, als die Abfassung gewifs nicht über die Kaiserzeit zurückreicht. Freilich bleibt der Endtermin offen, nachdem schon Kellermann den Gebrauch des Apex bis gegen die Regierung des Septimius Severus nachgewiesen hat.

Die erstere Zeitgränze bestätigt das doppelte s zwischen oder nach zwei langen Vocalen, welches nach Ciceros und Vergilius Zeiten abkam, die Abwechselung zwischen u und i, welche seit Cäsar beginnt[3]), die Auflösung des einfachen i in das doppelte ii, welche bei Lucrez erst im Nothfall, bei Properz und Ovid schon ohne diesen begegnet. Aber auch in

---

[1]) Ritschl. LXXXV. D, C. I. L. n. 626. Orelli 586. DIVO · IVLIO · IVSSV | POPVLI · ROMANI | STATVTVM · EST · LEGE | RVFRENA

[2]) Ritschl. tab. LXXXII, Mommsen I. R. N n. 6011, Orelli n. 2488. — Ritschl, im Rhein. Museum 14, S. 315f. 385. 488.

[3]) Quintilian. 1, 7. 20 Quid? quod Ciceronis temporibus, paullumque infra, fere quoties s littera media vocalium longarum vel subiecta longis esset, geminabatur? ut *caussae*, *cassus*, *divissiones*, quo modo et ipsum et Vergilium quoque scripsisse manus eorum docent. 21 — Etiam *optimus maximus*, ut mediam I litteram, quae veteribus V fuerat, acciperent, C. primum Caesaris inscriptione traditur factum.

diesem Puncte fehlt der Endtermin, da z. B. in mancipi res die alterthümliche Genetivform noch lange fortdauert.

Eine ungefähre Zeitgränze für den spätesten Termin ergeben erst die Murdischen Familiennachrichten, auf welche deshalb genauer eingegangen werden mufs.

Die Murdier begegnen nämlich auf Inschriften der ersten Kaiserzeit, theils in Rom und der Umgegend, theils in Florenz, entweder mit dem Pränomen Lucius oder Gaius.

Als Tochter eines Lucius Murdius wird unsere Murdia selbst in der Überschrift bezeichnet. Als Sohn eines Lucius ein gleichnamiger Soldat der siebenten Legion auf einer Inschrift, welche offenbar erst aus Vespasian's Zeit herstammt, da jene von Galba in Spanien gebildete Legion in derselben nicht mehr als Galbiana, sondern als Flavia bezeichnet ist[1]). Beide Inschriften sind urbane. Freigelassene beiderlei Geschlechts eines Lucius Murdius mit ihren Sclavennamen Felix, Aucta und Corinthis als Cognomen[2]) und ein Murdischer Freigelassener ohne Erwähnung des Patrons, ein Lucius Murdius Chresimus[3]), kommen aber auch auf Florentinischen Grabsteinen vor.

Die Freigelassenen eines Gaius Murdius und ihre Nachkommen werden dagegen nur auf römischen und tiburtinischen Steinen gefunden.

Nach dem Sturze des Nero, im Juni 821 (68 n. Chr.), errichteten fünf reich gewordene Libertinen in Rom der wiederhergestellten Freiheit zu Ehren ein Standbild des Galba aus eigenen Mitteln, und wurden zum Lohn dieser patriotischen Handlung zu curatores anni secundi ernannt, worunter ein zweites Amtsjahr gemeint sein mufs, weil die Errichtung der Statue im October erfolgte und da Galba kein zweites Regierungsjahr erlebt hat, an ein zweites Regierungsjahr nicht gedacht werden kann. (Das 'glückliche', oder wie es im gleichzeitigen Edict des Tiberius Alexander heifst,

---

[1]) Muratori pag. 930, 13. L · MVRDIVS · L · FIL · MIL · LEG · VII · FLAV · FEL · Vgl. Dio Cass. 55, 24. Tac. hist. 2, 11. 3, 7. 10. 21. 25. Borghesi sulle iscr. Rom. de Reno pag. 26. Böcking N. D. 2, pag. 1026ff.

[2]) Gorii inscr. ant. Florent. 1726 n. 133 I, pag. 380. L · MVRDIVS · L · L · FELIX | MVRDIA · L · L · AVCTA | MVRDIA · L · L CORINTHIS ·

[3]) Gorii inscr. ant. n. 200. I, pag. 402. L · MVRDIVS | CHRESIMVS | O ANNOS · NAtVS XIIX O | OSSA · TIBI · QVIESCANT | BENE ·

die *τρισμεγίστη τῶν νῦν καιρῶν εὐδαιμονία* würde der gewöhnlichen Bedeutung von secundus zu fern liegen). Zwei unter jenen fünf Curatoren sind Turranier, ohne Zweifel Freigelassene des alten Getraidepräfecten Gaius Turranius, der schon beim Regierungsantritt des Tiberius 767 (14) im Amt war, und nachdem ihn Caligula in den Ruhestand versetzte, weil er bereits das neunzigste Jahr überschritten hatte, noch einmal reactiviert werden mufste, da er die Unthätigkeit nicht ertragen konnte, so dafs er noch unter Claudius 801 (48) im Amt erscheint[1]). Zwei andere Mitcuratoren dieser Turranii aber sind Gaius Murdius Demosthenes und Gaius Murdius Lalus, die nach der allgemeinen Sitte der Kaiserzeit den Vornamen ihres Patrons fortführen, aber die Erwähnung desselben durch Gai libertus fortlassen, um ihre Herkunft aus dem Sclavenstande, deren sie sich bei ihrem Wohlstand nicht gern erinnern mochten, möglichst zu verdunkeln[2]).

Zwei Jahre später, am 17. November 723 (70 nach Christus), errichteten die acht Centurien der Jüngeren aus den städtischen Tribus Sucusana

---

[1]) Tacit. ann. 1, 7, 5 Sextus Pompeius et Sextus Appuleius consules primi in verba Tiberii Caesaris iuravere apudque eos — Gaius Turranius — praefectus — annonae. Seneca de brevit. vitae c. 20 Turannius fuit exactae diligentiae senex: qui post annum nonagesimum, cum vacationem procurationis a C. Caesare ultro accepisset, componi se in lecto et velut exanimem a circumstante familia plangi iussit. Lugebat domus otium domini senis, nec finivit ante tristitiam, quam labor illi suus restitutus est. Tac. ann. 11, 31 tum potissimos amicorum vocat primumque rei frumentariae praefectum Turranium. — Ovid. ex Ponto 4. 16, 29.

[2]) Grut. 238, 12. Orelli 738. IMAGINVM DOMVS | AVG · CVLTORIB · SIGNVM | LIBERTATIS RESTITVTAE | SER · GALBAE IMPERATORIS AVG · | CVRATORES ANNI SECVNDI | C · TVRRANIVS POLYBIVS · | L · CALPVRNIVS ZENA | C · MVRDIVS LALVS · | C · TVRRANIVS FLORVS | C · MVRDIVS DEMOSTHENES | S(ua) · P(ecunia) · D(ono) · D(ederunt). An der Seitenfläche rechts vom Beschauer vorstehender Front der Marmorbase, auf welcher die Statue stand, erscheint das Datum der Dedication: DEDIC · IDIB · OCTOBR | C · BELLICO · NATALE | P · CORNELIO SCIPIONE ASIATICO COS. Als Fundort wird angegeben 'Romae in aedibus Mafeiorum ad thermas Agrippinas', Die Ächtheit bezweifelt zwar Maffei, Verona illustr. 2, 501 und Mus. Veron. pag. 97. 109. Allein auch auf den Münzen Galba's wird die LIBERTAS RESTITVTA und ROMA RENASCENS erwähnt und das Edict des Statthalters von Ägypten, Tiberius Julius Alexander (Rhein. Mus. 2, S. 64 — 84. 133. 190, C. I. Gr. 4957) erlaubt einen Rückfchlufs auf die Eindrücke des Ereignisses in der Hauptstadt. — Der imagines domus divinae gedenkt noch eine andere Inschrift bei Orelli - Henzen 6608, allein sie gehört nach Lambaesa in Numidien.

dem dauernden Frieden des Kaiserhauses[1]), nachdem der Bürgerkrieg beendet und Vespasian zum Kaiser ausgerufen war, jenes Standbild, dessen berühmte mit Inschriften bedeckte Marmorbase im Jahre 1547 zu Rom bei dem Bogen des Septimius Severus wieder zu Tage kam. Unter den Namen der civilen Centurionen oder Tribusvorsteher mit dem Rebstock stehen die der Centurialen in alphabetischer Ordnung[2]). Die linke Seite enthält die fünf Hauptcenturien, die Rückseite die drei andern. Vier Namen sind Namen Murdischer Freigelassener: Gaius Murdius Vitalis, Gaius Murdius Valens, Gaius Murdius Maximus und Gaius Murdius Phoebus.

Zu diesen datierten Steinen kommen noch einige mit unbestimmbaren Datum.

Eine urbane Inschrift bezieht sich auf eine Grabstätte, welche Gaius Murdius Felix sich selbst, seinem gleichnamigen verstorbenen Vater, seinen Nachkommen und seiner Stiefmutter errichtet[3]).

Ein ähnlicher Stein zu Rom *apud S. Gorgonium* bezeichnet das Begräbniſs, welches ein Murdischer Freigelassener Gaius Murdius Gaii Libertus Donatus für sich selbst, für seine Ehegattin, Murdia Clymene, für den Gaius Murdius Diadumenus und Justus, beide ebenfalls Söhne eines Gaius Murdius und zur Quirinischen Tribus gehörig, für die Murdia Prisca, Tochter des Gaius Murdius, für seine Söhne, Freigelassene und deren Nachkommen errichtet hatte[4]).

---

[1]) Grut. 239, 3 Orelli 740. PACI AETERNAE | DOMVS | IMP · VESPASIANI | CAESARIS AVG · | LIBERORVMQVE EIVS | SACRVM | TRIB · SVC · IVNIOR · — DEDIC · XV · K . DEC · | L · ANNIO BASSO · C · CAECINA PAETO · COS ·

[2]) Smetius L, 3 — 6. LI. LII, 1 hatte diese und die vier andern Tribusinschriften der Suburana selbst copiert, danach giebt sie Gruter 239, 3, aus dem sie Orelli 740 nur theilweise und mit unrichtiger Angabe der Centurienzahl wiederholt. Vgl. Mommsen I. N. n. 6769. die Röm. Tribus S. 77ff.

[3]) Grut. 734, 8. DIS MANIBVS || C · MVRDIO · FELICI || C · MVRDIVS · FELIX || PATRI || BENEMERENTI · FECIT || ET · SIBI · ET · SVIS · POSTERISQ(ue) || EORVM || ET · TVLLIAE · HYGIAE || CONIVGI · EIVS || IN · F · P · · · IN · A · P · · ·

[4]) Reinesii Epistolae Lipsiae 1660 pag. 338 n. 104. D. M. C. Murdius C. L. Donatus sibi et Murdiae Clymenae Uxori suae carissimae et C. Murdio C. F. Quir. Diadumeno et C. Murdio C. F. Quiriusio et Murdiae C. F. Priscae. Vix. Ann. XVII. M. VII. D. XXVIII. H. X. filiis suis libertis libertabusque posterisque eorum. Wiederholt und verbessert im Corpus XII, 58.

Endlich kommt noch ein Gaius Murdius Felix in Rom[1]), ein Zweiter in Tibur[2]) und etwa noch ein Dritter in Canusium[3]) auf Inschriften vor.

Das Resultat ist, dafs die Familie in der zweiten Hälfte des ersten Jahrhunderts in Rom und dessen Umgebung, in mindestens zwei Stämmen, den Lucii und Gaii geblüht hat.

Wenn nun auch das Verhältnifs unserer Murdia zu den Lucii nicht fest steht, so verbietet doch schon die Überschrift Murdia Lucii Filia die Inschrift in jene ältere Zeit hinaufzurücken, in welcher dem Tochternamen noch das Pränomen vorangieng und der Vatername im Genetiv ohne den Beisatz Filia nachfolgte: wie z. B. Caecilia Metelli bei Cicero und Maxsuma Sadria oder Rutila Fulcinia auf älteren Inschriften[4]). Vollends unstatthaft aber ist es, die Murdia, wie Niebuhr wollte, mit der Turia zu identifizieren. Ihm selbst ist der Einwand nicht entgangen, dafs die Ehe der Turia unfruchtbar blieb, während die Murdia schon in der Überschrift unserer Urkunde als Mutter bezeichnet wird und in dieser Urkunde selbst von mehreren Kindern die Rede ist. Er hilft sich indessen durch die Annahme, dafs diese Kinder aus einer frühern Ehe der Murdia herrühren, und erst ihre spätere Ehe mit Quintus Lucretius Vespillo kinderlos geblieben sei. Allein die Ehe der Turia mit Quintus Lucretius Vespillo war

---

[1]) Muratori 1268, 5. ex Margarino, extra Romam in S. Pauli.

DIS · MANIBVS
C · MVRDIO
FELICI · Q · VIXIT
ANNIS · XXV
MVRDIA · AVCTA
PATRI · FECIT

[2]) Malvasia marm. Fels. p. 328. 378 ex schedis Vatic., inde Mur. 1549, 7. Tibure.

C · MVRDI · FELICIS
ANN · LXXV · FECIT · MVR
DIA · SABINA · PATRONO
SVO · BENEMEREN · ET · SIBI
POSTERISQ

[3]) Mommsen I. N. 683. Canusii.

T//// M V R D I V S
M V R D I A E S · L
P H A R N A C E S
ANINIA · P · F · *e. q. s.*

[4]) Becker-Marquardt Handbuch V. S. 19 Note 71—73.

deren erste, laut der betreffenden Sepulcralrede schlofs sie dieselbe unmittelbar nach ihres Vaters Ermordung zwischen 706 und 712, ex patria domo (I, 10) in domum ma... d. h. nach Mommsen materterae, richtiger wohl nach Huschke mariti, übergehend.

Jene erste Ehe der Turia war aber zugleich ihre letzte, denn sie wurde nach einundvierzigjähriger Dauer, also zwischen 746 und 752 durch den Tod der Frau gelöst (I, 27); der Mann hatte auf die von ihr der Unfruchtbarkeit wegen angebotene Scheidung einzugehen entschieden verweigert (II, 31—50). Turia war also nur einmal verheirathet und starb in unbeerbter Ehe. Die Murdia hingegen war zweimal verehelicht und hinterliefs Kinder aus beiden Ehen (Zeile 4 und 7 unserer Inschrift). — Und zu diesen Differenzen treten nun noch die gänzlich verschiedenen sonstigen Lebensstellungen beider Frauen hinzu. Die Turia gehört den aristocratischen Kreisen Roms an und ist in die grofsen geschichtlichen Bewegungen der Übergangszeit, namentlich des Triumvirats verflochten, während dessen sie ihren Gatten in einem Versteck des Hauses vor dem Schicksal beschützt, welches seiner als eines Proscribierten in den Jahren 711 und 712 gewartet hätte, bis es gelang seine Begnadigung auszuwirken. Die Murdische Familie dagegen wird bei keinem einzigen alten Schriftsteller erwähnt, wir kennen sie nur aus unserer und den übrigen angeführten Inschriften, auch der Tochter des Lucius, auf welche die erstere sich bezieht, war das Leben in der Stille bescheidener bürgerlicher Verhältnisse verflossen.

Wägt man die grammatischen Notizen und die Familiennachrichten gegen einander ab, so weisen zwar beide auf das erste Jahrhundert unserer Zeitrechnung zurück. Die ersteren ergeben jedoch dessen erste Hälfte nur als frühesten Anfangstermin. Die Blüthe der Familie gehört dagegen der zweiten Hälfte an. Da nun die vorliegende Grabrede auf einen gleichen bürgerlichen Anstand und Wohlstand hindeutet, so dürfte anzunehmen sein, dafs auch sie ungefähr in die zweite Hälfte des ersten Jahrhunderts unserer Zeitrechnung zu setzen ist. Dies Ergebnifs scheint sich zugleich durch den Umstand zu rechtfertigen, dafs von der Geschlechtstutel der Agnaten und Gentilen, welche in der Laudation der Turia I, 21—23 noch erwähnt wird, aber durch die Lex Claudia (794—807 u. c. 41—54 p. C.) beseitigt ward, sich keine Spur mehr vorfindet.

Auch die nachdrückliche Betonung der Erbeinsetzung scheint zu beweisen, dafs das S. C. Orfitianum (931 u. c. 178 n. Chr.) noch nicht erlassen war.

Nach dieser ungefähren Feststellung des Alters wird es gestattet sein, zur Erörterung des Inhalts unserer Urkunde überzugehen.

Schon oben wurde bemerkt, dafs Winckelmann die vorliegende Urkunde für das Testament der Murdia erklärte, in welchem diese als Mutter unter ihren Kindern verfüge und dafs er dieselbe nur sehr flüchtig untersucht haben könne, weil sich sonst sofort hätte ergeben müssen, dafs sie lediglich ein Referens sei, in welchem das Testament nur als Relatum in Bezug genommen wird.

Richtiger hatten Fea und Niebuhr gesehen, dafs die Urkunde eine Lobrede auf eine verstorbene Mutter enthalte, aber sie nehmen merkwürdiger Weise an, dafs es die Tochter sei, welche diese Lobrede halte, oder in deren Namen sie gehalten werde. Dies würde jedoch aller römischen Sitte und Rechtsordnung zuwiderlaufen. Das Recht und die Pflicht, der Mutter die Grabrede zu halten, gebührt dem Mannsstamm, der die Familie zusammenhält und fortsetzt, also den Söhnen und Erben, nicht den Töchtern, die man mit dem Legat einer Erbschaftsquote abfand und welche die Sitte von öffentlichen Acten ausschlofs[1]). Unter mehreren Söhnen und Erben aber geht der älteste und Haupterbe den andern vor. So hält Quintus Lutatius Catulus, Consul des Jahres 652, als Sohn erster Ehe seiner Mutter Popilia die Gedächtnifsrede, mit Ausschlufs ihrer beiden Söhne zweiter Ehe, des Gaius Julius Cäsar und Gaius Julius Cäsar Strabo; und gewifs wurde es in diesem Fall mit der Etikette genau genommen, da es das erste Mal war, dafs die Ehre einer öffentlichen Laudation einer Frau zu Theil ward[2]). In voller Übereinstimmung mit diesem Vorrang tritt in unserer Urkunde der Sohn erster Ehe, der aufser seinem Erbtheil noch die von seinem Vater herrührenden Zuwendungen erster Ehe in

---

[1]) Polyb. 6, 53. 2. *πέριξ δὲ παντὸς τοῦ δήμου στάντος, ἀναβὰς ἐπὶ τοὺς Ἐμβόλους, ἂν μὲν υἱὸς ἐν ἡλικίᾳ καταλείπηται καὶ τύχῃ παρών, οὗτος· εἰ δὲ μή, τῶν ἄλλων εἴ τις ἀπὸ γένους ὑπάρχει· λέγει περὶ τοῦ τετελευτηκότος τὰς ἀρετὰς, καὶ τὰς ἐπιτετευγμένας ἐν τῷ ζῆν πράξεις.*

[2]) Cic. de or. 2, 11. 44. Ita, inquit Antonius, et in eo quidem genere scio et me, et omnes, qui affuerunt, delectatos esse vehementer, cum abs te est Popilia, mater vestra, laudata, cui primum mulieri hunc honorem in nostra civitate tributum puto.

Prälegatsform zurück empfängt, als Verfasser der Gedächtnifsrede auf und geht somit nicht nur seinen halbbürtigen Brüdern und Miterben, sondern auch der Schwester, die ein Quotenlegat erhält und dem überlebenden Stiefvater, welcher die Dos lucriert und daneben ein gewöhnliches Summenvermächtnifs bekommt, in diesem Rechte vor. Wenn es sich mit den Grabreden auf die Turia und die ältere Matidia anders verhält, wenn dort der Ehegatte Quintus Lucretius Vespillo, hier der Schwiegersohn, der Kaiser Hadrian, als Sprecher auftritt, so liegt darin nur eine Bestätigung der alten Rechtssitte. Denn die Turia war kinderlos und die Matidia hinterliefs nur eine Tochter, Sabina, die Gemalin des Kaisers[1]). Eine andere Bestätigung giebt die nahe liegende Sacral- und Bestattungspflicht. Beide treffen die Erben unbedingt, so dafs eine *hereditas sine sacris* sprichwörtlich etwas Unerhörtes bezeichnet. Die mit Erbschaftsquoten bedachten Legatare tragen dagegen zu den *sacris* nur bei, wenn die Quote mehr, oder seit dem Voconischen Gesetz, wenn sie eben so Viel beträgt, als alle Erben zusammen genommen behalten[2]); der Ehemann, wenn er nicht die Mitgift lucriert und dadurch von einer Schuld befreit wird, contribuiert als Affinis erst hinter den Erben und Verwandten der Frau zu den Begräbnifskosten[3]).

Also: eine Gedächtnifsrede des erstgeborenen Sohnes auf die Mutter liegt unzweifelhaft vor. Die Überschrift der verlorenen linken Seite wird daher unbedenklich durch *DIs Manibus* zu ergänzen sein, sei es in gewöhnlicher Abkürzung D. M, oder ausgeschrieben, wie es bei Orelli n. 4856, 4689, 4768, 4772, 4776, 4781, 4796, 4855 zu lesen ist.

---

[1]) Mommsen. Zwei Sepulcralreden, Abh. der Acad. 1863 S. 486—488.

[2]) Cic. de leg. 2, 19. 48. quaeruntur enim, qui adstringantur sacris. Heredum causa iustissima est; ..... Deinde, qui morte testamentove eius *tantundem* capiat, quantum omnes heredes. — Tertio loco, si nemo sit heres, is qui de bonis quae eius fuerint cum moritur usu ceperit plurimum possidendo...... Haec nos a Scaevola didicimus, non ita descripta ab antiquis. Nam illi quidem hic verbis docebant tribus modis sacris adstringi: hereditate, aut si *maiorem* partem pecuniae capiat, aut si *maior pars* pecuniae legata sit, si inde quippiam ceperit.

[3]) Pompon. L. 28. D de relig. (11, 7). Quodsi nulla dos esset, tunc omnem impensam patrem praestare debere Atilicinus ait, aut heredes eius mulieris, puta emancipatae. Quodsi neque heredes habeant, neque pater solvendo sit, maritum in quantum facere potest pro hoc conveniri: ne iniuria eius videretur, quondam uxorem eius insepultam relinqui.

Eine andere Frage ist aber, ob diese Gedächtnifsrede des ältesten Sohnes der Murdia auf dem Forum im Kreise der Ahnen und des Gefolges wirklich gehalten ist?

Denn von einer Anrede an eine Versammlung, wie sie in Hadrians Grabrede auf seine Schwiegermutter und Adoptivcousine, die ältere Matidia, sogar mehrere Male vorkommt, findet sich in dem erhaltenen grofsen Bruchstück unserer Rede keine Spur. Die Worte ut post decessum consensu civium laudaretur Zeile 17, ferner quom omnium bonarum feminarum simplex similisque esse laudatio soleat Zeile 20. 21, quia adquirere novas laudes mulieri sit arduom Zeile 25, endlich eo maiorem laudem omnium carissima mihi mater meruit Zeile 27 lassen sich von dem Lobe der öffentlichen Meinung verstehen, welches von einer sollennen Leichenrede sehr verschieden ist[1]). Endlich scheinen die einfachen Verhältnisse des Privatlebens, in welchen, wie wir sahen, die Murdia stand, für die Öffentlichkeit nicht erheblich genug. Die Ehre der feierlichen Laudation war den römischen Matronen seit Camillus Zeiten, als Gegenleistung und Dank des Gemeinwesens für Schmuck und Geschmeide, welches sie für das Weihgeschenk nach dem Vejenter Kriege[2]), oder nach einer andern wahrscheinlicheren Lesart in den Unglückstagen der gallischen Verwüstung[3]) geopfert hatten, durch ein Gesetz[4]) bewilligt worden: gleichwohl

---

[1]) Seneca Ep. 103 (102) nemo dicit laudem funebrem, sed laudationem, cuius officium oratione constat.

[2]) Plutarch. Camill. 8. *αἱ γυναῖκες — τὸν — κόσμον ἐπέδωκαν εἰς τὸ ἀνάθημα — καὶ ταύταις μὲν ἡ σύγκλητος ἀποδιδοῦσα τιμὴν πρέπουσαν ἐψηφίσατο μετὰ θάνατον ὥσπερ ἐπὶ τοῖς ἀνδράσι καὶ ταῖς γυναιξὶ λέγεσθαι τὸν ἄξιον ἔπαινον· οὐ γὰρ ἦν εἰθισμένον πρότερον ἐγκωμιάζεσθαι γυναῖκα δημοσίᾳ.*

[3]) Diodor. 14, 116. *λέγουσι δέ τινες καὶ διότι τὸν χρυσοῦν κόσμον αἱ γυναῖκες εἰς τὴν κοινὴν σωτηρίαν εἰςενέγκασαι, ταύτης ἔτυχον παρὰ τοῦ δημοσίου τιμῆς, ὥςτ' ἐξουσίαν ἔχειν ἐφ' ἁρμάτων ὀχεῖσθαι κατὰ τὴν πόλιν.* Liv. 5, 50. 7. Iam ante in eo religio civitatis apparuerat, quod cum in publico deesset aurum, ex quo summa pactae mercedis Gallis confieret, a matronis collatum acceperant, ut sacro auro abstineretur. Matronis gratiae actae, honosque additus, ut earum, sicut virorum, post mortem solemnis laudatio esset. 6, 4. 1 quibus (captivis ex Etruscis) sub hasta venundatis, tantum aeris redactum est, ut pretio pro auro matronis persoluto tres paterae aureae factae sint, quas cum titulo nominis Camilli ante Capitolium incensum, in Iovis cella constat ante pedes Iunonis positas fuisse. Niebuhr röm. Gesch. 2, S. 546 Note 1065.

[4]) Plutarch. de mulierum virtutibus 1 *ἄριστα δὲ ὁ Ῥωμαίων δοκεῖ νόμος ἔχειν, ὥςπερ ἀνδράσι, καὶ γυναιξὶ δημοσίᾳ μετὰ τὴν τελευτὴν τοὺς προσήκοντας ἀποδιδοὺς ἐπαίνους.*

soll die erste Laudation erst nach dreihundert Jahren einer Frau aus dem römischen Adel, der Popilia, wirklich gehalten worden sein. Cäsars Laudation seiner Gattin Cornelia, der Tochter des Lucius Cinna, war der erste Fall, in welchem auch einer jüngern Frau diese Ehre zu Theil wurde[1]). Die späteren öffentlichen Grabreden, von welchen uns Kunde überliefert ist, beziehen sich ebenfalls nur auf Matronen mit grofsen geschichtlichen Namen. So Cäsars Gedächtnifsrede auf die Iulia, seine Vatersschwester und Wittwe des Marius, dessen Wachsmaske er in jenem Zuge der Ahnen mit erscheinen zu lassen wagte, deren Reihen mütterlicher Seits zu den römischen Königen, von väterlicher Seite sogar zu den unsterblichen Göttern hinaufführten[2]). Ferner Octavian's Rede, die er im zwölften Lebensjahr zu Ehren seiner Grofsmutter Iulia, der Gemalin des M. Atius Balbus vor grofser Versammlung hielt[3]). Ebenso die gleichfalls im Knabenalter auf dem Markte bei der übrigens nichts weniger als grofsartigen Bestattung der Livia gehaltenen Rede Caligula's (782 der Stadt, 29 nach Chr.)[4]). Desgleichen die merkwürdige Laudation der Iunia, Schwester des Brutus, Gattin des Cassius, Nichte des Cato, welche 775 (22 nach Chr.) 63 Jahre nach der Schlacht bei Philippi verstarb. Sie hatte den Kaiser in ihrem Testament übergangen, dennoch

---

[1]) Plutarch. Caes. 5 τὸ μὲν οὖν ἐπὶ γυναιξὶν πρεσβυτέραις λόγους ἐπιταφίους διεξιέναι, πάτριον ἦν Ῥωμαίοις· νέας δὲ οὐκ ὂν ἐν ἔθει, πρῶτος εἶπεν Καῖσαρ ἐπὶ τῆς ἑαυτοῦ γυναικὸς ἀποθανούτης. Drumann Gesch. III. S. 140.

[2]) Sueton. Caes. 6. Quaestor Iuliam amitam uxoremque Corneliam defunctas laudavit e more pro rostris. sed in amitae quidem laudatione, de eius ac patris sui utraque origine sic refert 'amitae meae Iuliae maternum genus ab regibus ortum, paternum cum Diis immortalibus coniunctum est. Nam ab Anco Marcio sunt Marcii Reges, quo nomine fuit mater, a Venere Iulii, cuius gentis familia est nostra. Est ergo in genere et sanctitas regum, qui plurimum inter homines pollent, et caerimoniae Deorum, quorum ipsi in potestate sunt reges'.

[3]) Sueton. Octav. 8 duodecimum annum agens aviam Iuliam defunctam pro concione laudavit.

[4]) Sueton. Cal. 10 primum in matris, deinde, ea relegata, in Liviae Augustae proaviae suae contubernio mansit, quam defunctam praetextatus etiam tum pro rostris laudavit. Tac. ann. 5, 1 funus eius modicum, testamentum diu irritum fuit. laudata est pro rostris a Caio Caesare pronepote — 2 at Tiberius, quod supremis in matrem officiis defuisset — per litteras excusavit.

gestattete er einen fürstlichen Leichenzug, dessen Eindruck durch das Fehlen der Masken des Brutus und Cassius unter den Ahnenbildern der Manlier und Quinctier nur noch erhöht wurde[1]). Endlich und vorzüglich die schon erwähnte Kaiserrede Hadrians auf die ältere Matidia[2]), deren Überreste dem Sinn nach etwa in folgender Weise ergänzt werden können:

tate
bativa vel
*dilig*]entissimus fui,
*ut* *cognatam piissi*]mam, socrum aman
*tissimam . . . . . . . . mihi*] sibique salvam, Sabinae meae
*matrem optumam sospitem, similem*] matri meae, facerem.
*Divum patrem meum post adeptum pri*]ncipatum ac deinceps usque ad illam
*gravem et extremam eius valitu*]dinem, qua diem suum obiit, comes et con-
*tubernalis fidissima, re*]verendo ut filia, comitate nulla non fa
*ctura officia prosequi*] visa est.
*Nec dissimilis ille fuit*] moribus socrus meae. nam qui potuit effici
*ut coniunctam comitate*] feminae gravitatem ferret omnino ne
*que ipse easdem virtutes*] summe probaret?
*Iam vero lubens etiam si*]ngillatim de virtutibus eius omnia quae
*ipse novi exsequere*]r si non ita victus essem praesenti confusione.
*si autem pauca illa referr*]e velim et dicere tantum quae possim, indig
*num foret neque*] aut laudibus eius dignum aut dolori meo.
*Etenim ob oculos mihi*] est imago tristissima socrus optumae labentis
*fato atque meae aur*]is etiam num strepunt luctuosis conclamatio-
*nibus propinquar*]um mearum.

---

[1]) Tacit. Ann. 3, 76 (ann. u. 775 a. C. 22) et Iunia sexagesimo quarto post Philippensem aciem anno supremum diem explevit, Catone avunculo genita, Gai Cassii uxor, Marci Bruti soror. testamentum eius multo apud vulgum rumore fuit, quia in magnis opibus, cum ferme cunctos proceres cum honore nominavisset, Caesarem omisit. quod civiliter acceptum neque prohibuit quo minus laudatione pro rostris ceterisque sollennibus funus cohonestaretur. viginti clarissimarum familiarum imagines antelatae sunt, Manlii, Quinctii aliaque eiusdem nobilitatis nomina. sed praefulgebant Cassius atque Brutus eo ipso quod effigies eorum non visebantur.

[2]) Spartianus in Hadr. 9 socrui suae honores praecipuos impendit ludis gladiatoriis ceterisque officiis, cf. c. 19. Dafs hierunter die laudatio mit begriffen war, zeigen die Fragmente bei Mommsen. Zwei Sepulcralreden, Abh. der Acad. 1863. S. 484 — 489, wo die thatsächlichen und Familienverhältnisse mit den wichtigsten Ergänzungen angegeben sind.

*Qua de re aerumnas ani*]mi mei sublevate et ea quae pulchre scitis de mo-
*ribus Matidiae mement*]ote, si potius ut nota dicentur quam ut nova.
*Vixit marit*]o carissima, post eum longissimo viduvio in eximio flo
*re atque adeo*] summa pulchritudine formae castissima, matri suae
*filia obsequ*]entissima, ipsa mater indulgentissima, cognata piis
*sima, omnes am*]ans, nulli gravis, nemini tristis, iam quod ad me atti
*net, tam singu*]lari, post tanta, modestia, uti nihil umquam a me pe
*tierit cre*]braque non petierit quae peti maluissem, inter meas
*gratissima*]e voluntatis, plurimis et longissimis votis precata talem
*mihi fortunam, qualem u*]t vidit, gaudere fortuna mea maluit quam frui.
*Igitur in patris mei cogna*]tam sanguine, adoptione in consobrinae
*locum mihi constitutam, Marcianae*] Augustae filiam et divae, avun-
*culi et divi contubernalem fidissimam debi*]tum decus pro meritis hones-
*tissimis laudibus vestris consensu omnium conferr*]e dignemini rogo.
*vol*]untate adversus
in re tali
v. cereve

Als Resultat dieser Thatsachen scheint daher angenommen werden zu müssen, dafs eine mündliche Laudation aus der Urkunde und den Lebensverhältnissen der Verstorbenen mit Sicherheit n i c h t zu entnehmen ist.

Es darf jedoch auf der andern Seite keineswegs übersehen werden, wie mifslich die Argumentation a silentio in solchen Fragen sein würde. Die Sepulcralrede auf die Turia war an keine Zuhörerschaft, sondern an die Verstorbene selbst gerichtet, gleichwohl kann es bei ihrer Bestattung an der sollennen öffentlichen Lobrede auf dem Markte pro rostris in einer Zeit nicht gefehlt haben, in welcher nach Horazens Bemerkung nicht selten drei Leichenzüge auf einmal auf dem Forum zusammen trafen[1]).

Mag aber die Rede auf die Murdia gesprochen oder nur niedergeschrieben sein, in jedem Falle leidet sie an allen jenen oratorischen Mängeln, durch welche die römische Laudation, auch die geschriebene, hinter der griechischen Gedächtnifsrede zurücksteht. Diese sollte durch lesbare Darstellung, durch Kunst und Geschmack ein gebildetes lesendes Publicum erfreuen. Die römische Laudation dagegen bildet ein dem ius sacrum angehörendes Rechtsgeschäft, wie andere forensia negotia, selbst die schriftliche und ausgearbeitete behält entweder die schmucklose Kürze

---

[1]) Horat. Sat. I, 6. 43 si plostra ducenta Concurrantque foro tria funera, magna sonabit Cornua quod vincatque tubas —

und Nüchternheit eines Sittenzeugnisses, oder die langweilige Trockenheit eines Leichensermons[1]). Erst in der spätern Republik und in den Zeiten der ersten Kaiser drang die freiere griechische Behandlung der Grabrede auch in Rom ein, Cicero widmet der Oratorik der laudationes funebres in den Büchern de oratore einen eigenen Abschnitt und Plinius preist es als das letzte Glück des alten Verginius Rufus, welcher im 83sten Jahre bei einer Audienz im Kaiserpalast auf dem glatten Estrich ausglitt und sich einen Bruch des Hüftbeins zuzog der schlecht geheilt die Ursache seines Todes wurde, daſs er an dem Consul Tacitus einen unübertrefflichen Laudator gefunden, dessen Beredtsamkeit dem Markt und der Rednerbühne einen neuen Schmuck verliehen habe[2]).

In der vorliegenden Grabrede ist freilich dieser Fortschritt noch nicht sonderlich zu spüren. Der Stil ist zwar weniger geschraubt, als in Vespillo's Rede auf die Turia, allein der oratorische Theil enthält Gemeinplätze (Zeile 5) und der Schluſssatz erscheint so unbeholfen und schleppend, daſs man annehmen muſs, der Redner habe sich durch und in seine vielen Zwischensätze verwickelt. Nur in den juristischen Angaben herrscht die dem Recht eigene Präcision und Kürze.

Enthält das vorstehend Bemerkte den allgemeinen Character der römischen Grabrede, welcher Art waren die Lebensverhältnisse, welche den besonderen Inhalt der vorliegenden Laudation bilden?

So viel läſst selbst die fragmentierte Überlieferung erkennen: die verlorene erste Hälfte muſs das Leben der Murdia erzählt haben, denn die erhaltene zweite Hälfte beginnt mit ihrem letzten Willen. Der Ge-

---

[1]) Cic. de or. 2, 84, 341. Ipsi enim Graeci, magis legendi, et delectationis, aut hominis alicuius ornandi, quam utilitatis huius forensis causa laudationes scriptitaverunt: — nostrae laudationes, quibus in foro utimur, aut testimonii brevitatem habent nudam atque inornatam, aut scribuntur ad funebrem concionem, quae ad orationis laudem minime accommodata est. Quinctil. III. 7, 1. 2. Quod genus videtur Aristoteles — a parte negotiali, hoc est πραγματικῇ removisse totumque ad solos auditores relegasse — sed mos Romanus etiam negotiis hoc munus inseruit. nam et funebres laudationes pendent frequenter ex publico aliquo officio, atque ex senatus consulto magistratibus saepe mandantur.

[2]) Plin. ep. 2, 1. Huius viri exsequiae magnum ornamentum — etiam foro et rostris attulerunt. Laudatus est a consule Cornelio Tacito. nam hic supremus felicitati eius cumulus accessit, laudator eloquentissimus. Vgl. auch Fronto ad Anton. imp. 2, ep. 2. (pag. 105 Naber) nec laudatoris verba, sed laudati facta laudasti.

dankengang läſst sich jedoch aus dem erhaltenen Abschnitt einigermaſsen errathen.

Die Verstorbene war von ihren Ältern wenigstens zwei Mal verheirathet, beide Male an achtbare Männer: a parentibus dignis viris data 14, nupta meriteis gratior fieret, fide carior haberetur 16. Daſs hierbei von beiden Ältern die Rede ist, begegnet im römischen Recht höchst selten, denn das altrömische rechtliche Übergewicht des Hausvaters in der Familie überwiegt den mütterlichen Rath, obgleich dieser für die unerfahrene Tochter sittlich so bedeutend ist[1]). Die vorliegende Inschrift erinnert daher in diesem Punkte mehr an das römische Brautlied als an die rechtlichen Grundsätze. Denn in jenem heiſst es bei Catull 62, 60 — 66:

at tu ne pugna cum tali coniuge, virgo.
non aequum est pugnare, *pater cui tradidit ipse,*
*ipse pater cum matre, quibus parere necessest.*
virginitas non tota tua est, ex parte *parentumst*:
*tertia pars patrist, pars est data tertia matri,*
tertia sola tua est. noli pugnare duobus,
qui genero *sua iura simul cum dote dederunt.*

Unsere Inschrift beweist aber in bemerkenswerther Weise, daſs das alterthümliche rechtliche Übergewicht des Vaters schon im Augustischen Zeitalter der sittlichen Anforderung der Gleichheit beider Ältern zu weichen begann. Daraus darf jedoch noch nicht gefolgert werden, daſs auch die

[1]) Schon Scipio, der bei einem öffentlichen Gastmal des Senats seine Tochter dem Tiberius Gracchus feierlich verlobt hat, freut sich zwar der Zustimmung seiner Gattin: ita inter publicum solemne sponsalibus rite factis, cum se domum recepisset, Scipionem Aemiliae uxori dixisse, filiam se minorem despondisse, cum illa muliebriter indignabunda *nihil de communi filia secum consultatum* adiecisset, *non, si Ti. Graccho daret, expertem consilii debuisse matrem esse*, laetum Scipionem tam concordi iudicio, ipsi desponsam respondisse. Liv. 38, 57. Rechtlich nothwendig wird aber der Beistand der Mutter erst in der christlichen Kaiserzeit und auch in dieser erst bei vaterlosen Töchtern: Honor. et Theod. L. 20 C. de nupt. (5, 4). Dennoch würde eine andere Deutung des Ausdrucks parentes sprachwidrig sein. Namentlich darf der Ausdruck nicht auf die männlichen Träger der Potestas (pater, avus, proavus) beschränkt werden, wozu die Erwähnung der datio verleiten könnte; denn selbst in weitester Bedeutung schlieſst er die Frauen ein. Ulp. fragm. 5, 8. Fragm. Vat. 321. L. 1 § 3 D. de quaest. (48, 18) L. 4 D. de cur. fur. (27, 10) L. 135 D. de verb. sign. (50, 16).

Ausstattung von beiden gegeben wäre, vielmehr war die dos, da der Vater noch immer Herr des Familienguts blieb, ohne Zweifel ein profecticia.

Aus der ersten Ehe der Murdia stammte der Sohn, welcher seiner Mutter die vorliegende Grabrede hält: patris mei 10, viri sui 11. Er war das einzige Kind aus dieser Ehe, denn er allein empfängt die lucra prioris matrimonii d. h. die Güter zurück, welche die Verstorbene vermöge dieser ihrer Ehe mit seinem Vater empfangen hatte und er bezeichnet dieselben als solche die aus seinem Vatererbe geflossen seien: quae iudicio viri sui ex patrimonio meo cepisset 11. 12, ein Ausdruck, der nur dann juristisch correct erscheint, wenn jener Sohn als einziger suus schon neben seinem Vater zum eventuellen Herrn dieses Vermögens berufen war[1]).

Diese erste Ehe der Murdia war nun durch den Tod des ersten Ehemannes gelöst worden. Da jedoch ihr Vater denselben überlebt hatte, so mufs angenommen werden, dafs die Mitgift, welche, wie wir voraussetzten, von ihrem Vater als Eigenthümer des Familiengutes allein gegeben, folglich eine profecticia dos gewesen war, nach dem Ableben des ersten Mannes an den Vater zurückgefallen sei. Er war daher nicht nur Eigenthümer der einzelnen Dotalsachen, sondern auch der Dos im Ganzen, ihm stand die Vindication und die Actio rei uxoriae zu, nur durfte er, selbst wenn die Tochter, wie wir nach Zeile 14 dignis viris *data* voraussetzen dürfen, noch in seiner väterlichen Gewalt war, nicht eigenmächtig über die Dos, wie über ein Peculium verfügen, vielmehr galt dieselbe als ausgeschieden aus seinem Vermögen[2]) und zu jeder Verfügung über die Dotalobligation hatte er die Zustimmung der Tochter einzuholen[3]). So erklärt es sich, dafs die Mitgift nach Zeile 5 auch in die zweite Ehe der

[1]) L. 11 D. de lib. et post. (28, 2) (Paulus). In suis heredibus evidentius apparet, continuationem dominii eo rem perducere, ut nulla videatur hereditas fuisse, quasi *olim* hi domini essent qui etiam vivo patre *quodammodo domini existimantur.*

[2]) L. 9 D. de dotis coll. (37, 7) abscessit enim de bonis patris.

[3]) L. 3. D. sol. matr. (24, 3) (Paulus). Non solum autem in exigenda, sed etiam in solvenda dote quae communis est patris et filiae utriusque voluntas exquiritur, nec alter alterius deteriorem condicionem facere potest. sed si pecunia ad patrem pervenit quam filia accepit, actio de dote utrisque tolletur. Dieser merkwürdige Eingriff in die väterliche Gewalt scheint auf einer Bestimmung der Lex Mänia vom Jahre 568 der Stadt zu beruhen, da er schon dem Trebatius bekannt war: L. 66 § 3 D. sol. matr. (24, 3), Voigt lex Maenia § 17 S. 78 — 80, Arndts Zeitschr. für Rechtsgeschichte 7 (1867) S. 42f.

Tochter übergehen und nach ihrem Tode bei dem zweiten Ehemanne verbleiben konnte. Dem Erben des ersten Ehemannes würde, wenn der Vater die Dos in die zweite Ehe gab, gegen den alsdann etwa noch erhobenen Anspruch der Tochter sogar ein Schutz durch doli exceptio zugestanden haben, weil es ein Mifsbrauch ihres Rechts gewesen wäre, eine wenn auch eigenmächtige Verfügung des Vaters nicht unangefochten lassen zu wollen, welche doch einzig ihr selbst zu Statten gekommen wäre[1]).

Nächst der Brautgabe, welche hiernach der Murdia und ihrem Vater bei dem Tode ihres ersten Ehemannes schon gesetzlich heimfiel, erhielt die erstere aber noch andere vermögensrechtliche Vortheile durch die Liberalität ihres ersten Ehemannes: memor liberalitatis patris mei Zeile 11. Die Form dieser autonomischen Zuwendung war eine letztwillige gewesen, denn sie erfolgte nach Zeile 12 iudicio viri sui und unter iudicium versteht unsere Urkunde, wie aus Zeile 5 umd 16 hervorgeht, übereinstimmend mit dem rechtlichen Sprachgebrauch[2]) nur den letzten Willen, im Gegensatz der Zuwendungen durch Verfügung unter Lebenden. Zum Erwerbe aus Verfügungen auf den Todesfall und überhaupt mortis causa forderten freilich die Julischen Decimargesetze aufser dem Commercium noch die eherechtliche Capacität. Da jedoch aus der ersten Ehe ein gemeinschaftlicher Sohn vorhanden war, so hatten die Ehegatten nach dem Grundsatze libera inter eos testamenti factio est si filium filiamve communem habeant (Ulp. 16, 1) solidi capacitas, das heifst, was die Murdia aus jenem letzten Willen erworben hatte war gleich dem vollen Betrage dessen, was ihr in demselben ausgesetzt war, wie dieses auch schon aus den Worten iudicio — cepisset Zeile 12, wenn man sie genau nimmt, zu ersehen ist.

---

[1]) L. 4. D. eodem (Pomponius). Si pater sine consensu filiae dotem a viro exegisset et eandem alii viro eius filiae nomine dedisset et mortuo patre filia cum priore viro ageret, doli mali exceptione repellitur.

[2]) Iudicium für Testament ist schon classischer juristischer Sprachgebrauch: Iulian. L. 53 pr. D. de leg. 2 (31) cum ea aut suo iure aut iudicio mariti contenta esse debeat. Paul. 4, 5 12 — 7. Fragm. Vat. 159. L. 8 § 10. L. 12 § 1. L. 19. L. 23 § 1. L. 32 pr. § 1. D. de inoff. test. (5, 2), iudicare für testari aber freilich erst mittelalterlicher. Honor iudicii findet sich nicht, wohl aber honor legati L. 36 pr. D. de excus. (27, 1) L. 11 § 20. D. de leg. 3 (32).

Nach Auflösung der ersten Ehe wurde, wie bereits bemerkt, die Murdia von ihren Ältern abermals verheirathet und ausgestattet Zeile 14. In dieser zweiten Ehe, welche länger dauerte als die erste und erst durch ihren Tod gelöst wurde, gebar sie mehrere Söhne und eine Tochter: omnes filios — partitione filiae data Zeile 4, so dafs unter den Zeile 9 fratribus meis erwähnten Brüdern nur die halbbürtigen Geschwister des Sprechers verstanden werden können.

Die bisher berührten Ereignisse müssen sämmtlich in dem ersten uns verlorenen Theile der Urkunde berührt gewesen sein, weil sonst das Folgende dem Leser, für den doch die Grabrede bestimmt und in Stein gehauen wurde, unverständlich geblieben sein würde.

Die zweite Hälfte, welche allein auf uns gekommen ist, beginnt mit dem Nachsatz sed propriis viribus adlevent, zu welchem wir uns den Vordersatz ergänzen müssen. Jener Nachsatz deutet nun augenscheinlich auf eine mütterliche Erziehungsmaxime oder Ermahnung, zu welcher vielleicht die jüngeren Söhne die Veranlassung gegeben hatten, nämlich auf die sittliche Anforderung sich nicht auf die mütterliche Erbschaft zu verlassen, sondern ihren Vermögenszustand durch eigene Arbeit emporzubringen. Es mufs daher im Vordersatz ein ungünstiger oder doch zweifelhafter Vermögenszustand erwähnt gewesen sein. Denn nur bei einem solchen konnte von jener Erleichterung durch selbst erworbenen Wohlstand die Rede sein, welche das Wort adlevent voraussetzt[1]). Das fehlende Substantiv zu firmiora probabilioraque scheint daher bona zu sein, denn dieses Wort bezeichnet zwar im natürlichen Sinne das active, im juristischen aber auch das passive Vermögen, es ist nach Pomponius[2]) und Ulpian[3]) ein Rechtsbegriff (iuris nomen) welcher eben den Gesamtzustand umfafst. Hievon ausgehend habe ich den Vordersatz durch filiis praecepit ut bona sua non fiducia hereditatis (maternae, denn den Vater des Sprechers hatte dieser bereits beerbt und der Vater der andern Kinder war noch am Leben) ergänzt, ohne jedoch für die einzelnen Worte eine Verantwortung zu übernehmen.

---

[1]) Ovid. Trist. 3, 8. 31 sagt von der ärztlichen Hülfe nec viribus allevor ullis.
[2]) Pompon. lib. 3 ad Quintum Mucium L. 119 D. de V. S. (50, 16).
[3]) Ulpian lib. 39 ad edictum L. 3 pr. § 1. 2. D. de bon. poss. (37, 1).

Freilich könnte man die unmittelbar folgenden Worte caetera quo firmiora probabilioraque sint lieber mit dem nächsten Absatz omnes filios aeque fecit heredes, partitione filiae data in Verbindung bringen wollen. In diesem Zusammenhange würden dieselben nicht auf das Vermögen der Söhne, sondern auf die letztwilligen Anordnungen der Murdia zu beziehen sein. Sie würden besagen, dafs die übrigen Abschnitte des Testaments aufser jenem nudum praeceptum (L. 114 § 14 D. de leg. 1, (30)) noch anderweite rechtliche Verfügungen enthalten und um diese desto fester zu begründen, zwischen den Söhnen und der Tochter einen billigen Unterschied gemacht hätten. Allein gegen diese Verbindung sprechen sehr erhebliche Gründe. Einmal nämlich fängt mit Omnes ein neuer Abschnitt an, in welchen das Vorhergehende nicht hineingezogen wird, ausgenommen vielleicht Zeile 27, wo aber freilich auch Vorder- und Nachsatz so weitläufig sind, dafs jeder für sich ein Ganzes bildet. Zweitens ist das Wort caetera nicht nur durch den Diphthong, welcher in cetereis Zeile 29 fehlt, sondern auch dadurch verdächtig, dafs Winckelmann es nicht gelesen hat. Dieses Argument wird endlich drittens noch dadurch verstärkt, dafs Winckelmann die beiden ersten Zeilen sogar in eine einzige zusammen zieht. Ungeachtet seiner Versicherung l'ho fedelmente copiata dall' originale lapida scheint daher Fea von dem Verdacht einer willkürlichen Correctur nicht freizusprechen.

Es folgt der vollständige Bericht über die letztwilligen Verfügungen der Murdia (II, 3 — 13).

In diesem Bericht wird der Ältern derselben nicht mehr gedacht, sie waren also während der langen Dauer der zweiten Ehe und zwar vor Errichtung des Testamentes mit Tode abgegangen. Denn eine Tochter in väterlicher Gewalt hätte selbst als Ehefrau kein Testament errichten können, da die Gewalt durch eine freie Ehe nicht gelöst wurde und umgekehrt eine strenge Manusehe, gleich der Ehe in welcher die Schwester der Turia lebte die als 'emancupata Gaio Cluvio' bezeichnet wird, mit der Fortdauer der väterlichen Gewalt nicht vereinbar gewesen wäre, welche doch, wie wir sahen, in dem *data* Zeile 14 vorausgesetzt war. Ebenso wenig aber, wie der Manus, wird der Geschlechtstutel der Agnaten und Gentilen gegedacht, welche in der Grabrede auf die Turia noch erwähnt wird. Von der Geschlechtstutel der Gentilen konnte schon deshalb keine Rede sein, weil die Murdier schwerlich zu den Familien gehörten, für die sich der Gentilitätsnexus erweisen liefs (Vgl. Mommsen, Zwei Sepulcralreden S. 471f). Die Geschlechtstutel der Agnaten war vielleicht schon damals durch die lex Claudia weggefallen. Wäre jedoch auch unsere Rede älter als das Claudische Gesetz, so war die Murdia jedenfalls nach der lex Iulia und Papia als ingenua durch das ius trium liberorum von der Geschlechtstutel befreit und konnte daher ein Testament selbst ohne vorgängige capitis deminutio mittels einer coemptio tutelae evitandae causa errichten, obgleich dieser Umweg erst durch Hadrian definitiv abgeschafft wurde.

Ergiebt sich aus diesem persönlichen Rechtszustande, dafs gegen die active Testamentifaction der Murdia kein Bedenken obwaltete, so kommt nunmehr der Inhalt ihres Testaments in Frage.

Drei Kategorieen nächster Angehörigen hatte sie zu berücksichtigen: erstlich ihre Söhne erster und zweiter Ehe, zweitens ihre Tochter aus zweiter Ehe, drittens ihren zweiten Ehemann.

Jede dieser Klassen wird in verschiedener Art bedacht.

Was zunächst den überlebenden zweiten Ehemann betrifft, so wäre ihm bei einer Manusehe vermöge des alten Rechtssatzes dotis causa perpetua est schon nach gesetzlichem Recht die Dos verblieben. Die Ehen der Murdia waren aber freie Ehen und dennoch wird gesagt, dafs der Rechtsanspruch des Mannes (ius dotis) durch eine freie Gabe der Frau (honore iudicii) noch vermehrt worden sei (augeretur). Wie ein solcher Rechtsanspruch bei einer profecticia dos, welche doch bei dem Tode der Frau gesetzlich an den Besteller zurückfiel, rechtlich möglich und wie das augmentum zu verstehen sei, wird jedoch besser erst unten in einem andern Zusammenhange seine Erklärung finden. Hier mag nur bemerkt werden, dafs der Gegenstand der letztwilligen Verfügung ein Geldlegat (certa pecunia) per damnationem war, welches mittels einer condictio certi eingeklagt und durch nexi liberatio aufgehoben wird (Gai. 2, 204; 3, 175).

Die Tochter wird ebenfalls mit einem Legat abgefunden. Es ist aber kein Geldlegat (certa pecunia), wie das an den Ehemann, sondern ein Quotenlegat (partitio). Auch über diesen Punct kann erst weiter unten im Zusammenhange gehandelt werden. Die Rechtsfolge war eine actio incerti (Gai. 2, 219) und stipulatio partis et pro parte (Gai. 2, 254).

Die Söhne beider Ehen werden zu gleichen Theilen zu Erben eingesetzt (omnes filios aeque fecit heredes).

•Allein der Verfasser der Grabrede erhält als einziger Sohn erster Ehe durch ein Prälegat Alles zurück, was die Mutter aus einer Liberalität seines Vaters, ihres ersten Ehemannes empfangen hatte. Die Rechtsverfolgung würde also nach Sabinianischer Ansicht lediglich in einem iudicium familiae herciscundae bestanden haben (Gai. 2, 219), wobei er das, was er sich selbst auszahlt, als Miterbe, nicht als Legatar empfängt. Obgleich der Redner bescheiden erst an letzter Stelle von sich selber redet, hebt er doch diese näheren Umstände sorgfältig hervor. Erstens nämlich will er seine Mutter gegen den Vorwurf einer kränkenden Zurücksetzung seiner jüngern Brüder — denn die Schwester kam hier nicht in Betracht, da sie, wenigstens nach Sabinus, ohne Erbeinsetzung eines Antheils am Prälegat gar nicht fähig gewesen wäre[1]) — rechtfertigen, Zeile 9 neque ea mente quo me fratribus meis quom eorum aliqua contumelia praeferret. Zweitens sucht er den bedeutenden Umfang des Prälegats zu erklären. Er sagt Zeile 11 reddenda mihi statuit quae iudicio viri sui ex patrimonio meo cepisset. Diese Worte deuten auf eine autonomische letztwillige Verfügung (iudicio) und zwar anscheinend auf ein Quotenlegat, durch welches der Sohn als einziger suus heres verpflichtet worden war, sein väterliches Vermögen (daher ex patrimonium meo) mit seiner Mutter zu theilen, da dieselbe ohne eine Manusehe ein gesetzliches Miterbenrecht als sua heres nicht mehr in Anspruch nehmen konnte. Endlich drittens will er der Mutter danken, daſs sie, obgleich Eigenthümerin aller zu ihrer Erbschaftsquote gehörenden Erbschaftssachen, über dieselben dennoch nicht verfügt, sondern für sich nur den Nieſsbrauch beansprucht und daher auch die obligatorischen Verpflichtungen zur Erhaltung und Restitution an den Eigenthümer übernommen habe, welche die cautio usufructuaria vel quasi dem Nutznieſser vorschreibt: Zeile 12 ut ea ussu suo *custodita proprietati* meae *restituerentur* vgl. De iuris

[1]) Gai. 2, 217. 218.

dictione edictum 1869 pag. 300. 301. pag. 250. 251. Das Nähere wird unten in einem andern Zusammenhange vorkommen.

Der Rest der Rede ergeht sich in den üblichen allgemeinen Lobsprüchen. Die Verstorbene habe sich durch ihre Treue, Folgsamkeit und Rechtschaffenheit die Liebe und Achtung ihrer beiden Ehemänner erworben. Durch ihren letzten Willen aber habe sie sogar die öffentliche Anerkennung ihrer Mitbürger erreicht, denn ihre Verfügungen bezeugten eben so sehr ihre Dankbarkeit und Treue gegen ihre Ehegatten, wie ihre mütterliche Liebe zu allen ihren Kindern und ihren Sinn für Gerechtigkeit und Wahrheit (II, 14—19).

Aus diesen Gründen habe die Mutter des Redners, obgleich das Lob aller guten Frauen einfach und einander ähnlich zu sein pflege und weil es für eine Frau schwerer sei einen besondern Ruhm zu erwerben, da ihr Leben von geringerem Wechsel bewegt werde, als das eines Mannes, gleichwohl um so höheres Anrecht auf Anerkennung, als sie sich in dem Lebensgebiet des Weibes durch ihre häuslichen Tugenden und ihre verständigen Anordnungen ihren Mitschwestern nicht nur ebenbürtig, sondern sogar überlegen erwiesen habe: II, 20 — 30.

Das ist wenigstens der allgemeine Gedankengang des verwickelten und weder in stilistischer noch in logischer Hinsicht lobenswerthen Schlufssatzes.

Im Einzelnen ist folgendes anzumerken: q vor quom ist ein Versehen des Quadratarius der hinter Q. einen Punct gesetzt hatte und diesen Fehler nach römischer Weise, wie die Acilia lehrt, durch Dittographie corrigierte. Die Bemerkung quom omnium bonarum feminarum simplex similisque esse laudatio soleat Zeile 20 findet sich in der Grabrede auf die Turia 1, 33 wieder in den Worten 'cetera innumerabilia habueris communi*a cum omnibus* matronis dignam f*a*mam co*l*entibus'. In dem Satze necessario communia esse colenda Zeile 25 steht entweder esse für sunt, oder necessario ist ein wunderlicher Ablativus absolutus, zu welchem das Participium eines Verbums fehlt und welcher auch das gegen sich hat, dafs mit turpet Zeile 26 kein Schlufs eintritt, sondern vielmehr mit eo maiorem, des Absatzes ungeachtet, erst der Nachsatz der langen Periode beginnt. Zwischen beiden Alternativen wird die Wahl dem Geschmack des Lesers überlassen bleiben müssen. In die Lücke von 12 Buchstaben Zeile 30 dürfte etwa *iudici nomine* passen, da der gerühmte Vorzug der Murdia vor andern Frauen nicht, wie bei der Turia (I, 34. 39; II, 1—18), auf aufserordentliche geschichtliche Thatsachen, sondern höchstens auf das gerechte und wohlwollende Testament gegründet werden konnte, weil die allgemeinen weiblichen Tugenden schon vorher in Zeile 27 — 29 vollständig erschöpft waren. Dafs unter diesen das lanificium nicht fehlen durfte versteht sich von selbst. In der Rede auf die Turia erscheint es mitten unter den geistigen Vorzügen I, 30 ff: Domestica bona pudici*t*iae, opsequi, comitatis, facilitatis, lanificiis tuis *adsiduitatis, religionis* sine superstitione, o*r*natus non conspiciendi, cultus modici cur *memorem*? Ja selbst in den Rechtsquellen wird es nicht vergessen: wenn der Mann der Frau Wolle schenkt und sie sich daraus ein Kleid webt, so ist dies nach Labeo ihr Eigenthum, jedoch spricht Gaius dem Manne eine utilis vindicatio zu, vgl. L. 29 § 1. L. 30. D. de don. inter V. et U. (24, 1) und dazu Cujas obs. 9, 30.

Am Schlufs der zweiten Columne scheinen nur wenige Worte verloren, welche etwa durch praecipuam aut certe *aequalem famam adsecuta est* zu ergänzen sind. Nur darüber könnte man zweifelhaft sein, ob nicht ein Abschiedswort wie have, vale, sit tibi terra levis hinzugefügt war. Die Rede auf die Turia schliefst II, 69 Te di mánés tuí ut quietam pa*tia*ntur atque ita tueantur opto. Eine so ausführliche directe Schlufsrede darf aber nach dem Character unserer Inschrift nicht erwartet werden.

Das Resultat vorstehender Analyse wird dahin zusammen zu fassen sein, dafs die Rede auf die Murdia weder in allgemein geschichtlicher noch sprachlicher Hinsicht besonders bemerkenswerth erscheint, dafs sie dagegen für die Geschichte des Rechts ein erhebliches Interesse gewährt, insofern sie folgende fünf Institute des Familien- und Erbrechts erläutert:

1) das Erbrecht der Kinder am Vermögen der Mutter,

2) das Quotenlegat (partitio) der Töchter und Enkel,

3) das Recht des überlebenden Ehemannes an der dos profecticia,

4) das Recht des überlebenden Ehegatten an den lucrativen Erwerbungen aus erster Ehe,

5) die Liberalität des wieder verheiratheten gegen den neuen Ehegatten.

Diese fünf Institute wurden in der Kaiserzeit gesetzlich zum Theil mit absoluter Wirkung geordnet. Aus unserer Urkunde ersehen wir dagegen, dafs an Stelle dieses gesetzlichen ius Cogens früher eine sehr freie Privatautonomie gestanden hat.

Dieses soll nunmehr an jedem einzelnen dieser fünf Institute nachgewiesen werden.

1) Ein gesetzliches Erbrecht der Kinder im Vermögen der Mutter unter Ausschlufs der agnatischen Geschwister und Collateralen der letzteren wurde zuerst im Jahre 178 unserer Zeitrechnung durch den Orfitianischen Senatsbeschlufs auf Grund einer Oratio der Kaiser Marcus Antoninus und Commodus anerkannt[1]. In der früheren Zeit, in welche unsere Urkunde fällt, konnten die Kinder nur als Consanguinei das nächste civilrechtliche Erbrecht im mütterlichen Vermögen ansprechen. Dies setzte indefs voraus, dafs die Mutter in die Manus des Mannes übergegangen war. Davon aber kann im vorliegenden Fall schon darum nicht die Rede sein, weil die Murdia ein Testament errichten und in demselben ihren zweiten Ehemann bedenken konnte, während dieses einer Ehefrau in der Manus eben so unmöglich war wie einer Haustochter. Demnach war das Erbrecht der Kinder damals fast ganz dem freien Ermessen der Mutter anheimgestellt, nur wegen unverdienter Pflichttheilsverletzung gewährte die Beschwerde über Inofficiosität einen aufserordentlichen Rechtsschutz. So erklärt sich die starke Betonung des letzten Willens in Zeile 4 unserer Urkunde: 'omnes filios aeque fecit heredes, partitione filiae data'; ferner die Zurückführung der Disposition auf die mütterliche Liebe: 'amor maternus caritate liberum aequalitate partium constat' Zeile 5. 6; wenn auch die Hervorhebung der Billigkeit und Unanfechtbarkeit dieser Verfügung Zeile 2. 3 'caetera quo firmiora probabilioraque sint' fraglich bleibt. Man sieht: die letztwillige Privatautonomie mufste aushelfen, wo das Gesetz der zwölf Tafeln und das Edict nicht zureichte.

2) Eine scheinbare Ausnahme jener Gleichstellung der Kinder bildet aber zweitens das Quotenlegat für die Tochter, die *partitio filiae data* Zeile 4, wenn auch nicht durch einen geringern materiellen Betrag, so doch durch seine abweichende Form. Es war ein Damnationslegat, durch welches die Söhne verpflichtet wurden mit der Schwester gleich zu theilen; die Anordnung lautete folgendermafsen: filii mei cum filia mea

---

[1] Ulp. 26, 7. Tit. Inst. 3, 4.

hereditatem meam ita partiunto, ut virilis pars ad filiam meam perveniat. Denn ein Vindicationslegat filiae meae virilem portionem bonorum do lego hätte dem rechtlichen Bedenken unterlegen, dafs eine Vergebung und Vindication einer Vermögensquote überhaupt, mithin, abgesehen von der Erbeinsetzung, auch durch letzten Willen, unmöglich ist[1]). Andererseits würde die Anordnung einer Theilung schlechthin, ohne Angabe der Quote, der Tochter mehr als einen Kindestheil, nämlich die Hälfte des Ganzen zugewendet haben, (Ulp. 24, 25) welches wiederum nicht in der Absicht der Erblasserin lag. Die Wirkung jener Partitionsauflage dagegen bestand darin, dafs die Tochter überall keine universale Erbenstellung erhielt, ja sogar nicht einmal ein mittelbares Erbrecht, wie es der Fideicommifserbe seit dem Trebellianum hat, dafs sie daher auch überall keine Erbschaftsklage anstellen und selbst die erbschaftlichen Singularklagen nur als Cessionarin des Erben erheben konnte, dafs endlich der Abzug der Falcidia von den an sie gewiesenen Fideicommissen wegfiel, während ihr Partitionslegat wie jedes andere der Verkürzung durch den Falcidischen Viertheil unterworfen blieb[2]). Dennoch gewährte das Theilungslegat der Tochter eine ungleich vorzüglichere Stellung als das einfache Geldlegat an den Ehemann Zeile 6, welcher als Affinis nicht zur Familie gehörte und deshalb auch weder zur Civilerbfolge noch zu einer bonorum possessio vor den Verwandten der Erblasserin berufen war. Zwar behaupteten die Sabinianer, dafs auch das Quotenlegat nur auf ein Geldlegat hinauslaufe, weil eine Erbschaftsquote ja eben nicht direct gewährt werden kann und diese Meinung hat sogar noch Justinian wenigstens theilweise angenommen und in solchem Sinne das ältere Recht mehrfach interpoliert. Allein Proculus und Nerva entgegneten nicht ohne Grund, dafs die Legatarin sowohl nach dem Willen wie nach den Worten des Testaments das Miteigenthum an

[1]) Dieser Satz war bei Schenkungen unzweifelhaft. Diocl. et Max. in der Consult. 6, § 10. Constantin. Fr. Vat. 8, 263. 287. L. 42 D. de mortis ca. don. (39, 6). Dafs er aber auch für Legate galt, beweisen die Worte: legari — posse etiam portionem hereditatis *placet nobis* in L. 22 § 5 D. ad S. C. Treb. (36. 1), welche zwar dem Ulpian in den Mund gelegt werden, in der That aber von einer Justinianischen Interpolation herrühren, wie schon d'Arnaud Var. coni. 2, 2. p. 234 gesehen hat. Daher denn auch überall nur Partitionslegate per damnationem erwähnt werden: Gai. 2, 254. Pompon. L. 26 § 2 D. de leg. 1 (30). Ulp. fr. 24, 25. Über die Vindication vgl. L. 56. D. de R. V. (6, 1).

[2]) L. 1 pr. § 7. L. 69. L. 71. D. ad legem Falc. (35, 2).

jeder Erbschaftssache in Anspruch nehmen dürfe und dafs die üblichen partis et pro parte stipulationes auch für Forderungen und Schuldverhältnisse ein gleiches Resultat herbeiführten[1]). Nach dieser Auffassung hat also die Legataria partiaria materiell vollkommen die Stellung einer Miterbin. Dann aber drängen sich von selbst die Fragen auf, wozu denn überhaupt die Mittelfigur zwischen Geldlegat und Erbrecht dienen soll, weshalb nicht auch der Tochter ihr Erbtheil direct durch Erbeinsetzung gegeben wird und warum ihr die universale Erbenstellung vorenthalten ist, wenn sie gleichwohl das Substrat derselben, die res quae in hereditate sunt, unverkürzt überkommen soll?

Die einfachste Antwort auf diese Fragen scheint in dem Voconischen Verbot eine Frau oder Jungfrau zur Erbin einzusetzen enthalten zu sein. Denn dafs dieses Verbot noch im zweiten Jahrhundert zu Recht bestand, wissen wir aus Gaius 2, 274, so sehr auch die Wirkung bestritten ist[2]). Die Beschränkung der Legierfreiheit auf so viel als der Erbe behält, wurde zwar durch das Falcidische Gesetz (714 d. St. 39 v. Chr.)

---

[1]) Pompon. lib. 5 ad Sabinum L. 26 § 2 D. de leg. 1 (30). Cum bonorum parte legata dubium sit, utrum rerum partes an aestimatio debeatur Sabinus quidem et Cassius aestimationem, Proculus et Nerva rerum partes esse legatas existimaverunt. *Sed oportet heredi succurri: ut ipse eligat sive rerum partes sive aestimationem dare maluerit. In his tamen rebus partem dare heres conceditur quae sine damno dividi possunt. sin autem vel naturaliter indivisae sunt, vel sine damno divisio earum fieri non potest, aestimatio ab herede omnimodo praestanda est.* Scaevola L. 32 § 8 D. de usufr. leg. (33, 2) Usumfructum tertiae partis bonorum suorum uni ex heredibus legaverat. Quaesitum est an pecuniae, quae ex rebus divisis secundum aestimationem effecta est, tertia praestanda sit. Respondit, *heredis esse electionem, utrum rerum an aestimationis usumfructum praestare vellet.* Paulus lib 9 ad Plautium L. 27. D. de leg. 1 (30). *Potest autem heres vel paucioribus vel in una re relictam partem legatario dare, in quam vel legatarius consenserit vel iudex aestimaverit, ne necesse haberet legatarius in omnibus rebus vindicare portionem.* Alles cursiv Gedruckte gehört der Justinianischen Decision an.

[2]) Hasse zur Lex Voconia (Rhein. Mus. für Jurisprudenz 1829 S. 204) und Vangerow (über die Lex Voconia Heidelberger Programm 1863 S. 26) nehmen Nichtigkeit der Einsetzung an, wogegen Huschke Gaius S. 52 pag. 193 und Iurispr. ant. ed. 2 pag. 205. nur eine Beschränkung der Capacität behauptet. In der That aber blieb die Einsetzung civilrechtlich gültig und der Prätor denegierte nur die Erbschaftsklage zu Gunsten der Substituten und Miterben: Cic. in Verr. I. 44. 113. Die Declamation 264 Fraus legis Voconiae. Ne liceat mulieri nisi dimidiam partem bonorum dare entscheidet hiergegen so wenig, wie das Zeugnifs des Dio Cassius 2, 56. 10, der den Census des Erblassers mit der Beschränkung der Erbeinsetzung verwechselt.

aufgehoben. Die Murdia wäre daher rechtlich nicht behindert gewesen, ihre Tochter auf den Falcidischen Viertheil als Pflichttheil zu beschränken, oder ihr bis auf drei Viertheile zu legieren[1]). Selbst das Verbot der Erbeinsetzung konnte seit Augustus durch Fideicommiſs umgangen werden[2]), nur unterlag dasselbe seit der zweiten Hälfte des ersten Jahrhunderts nach dem S. C. Pegasianum v. J. 828 (75) einer Verkürzung durch die Falcidische Quart, welche wieder die Anwendung der Stipulationes partis et pro parte auf Fideicommisse im Gefolge hatte[3]). Durch alle diese Neuerungen wurde jedoch das Verbot directer Erbeinsetzung nicht berührt. Vielmehr wurde es in der Lex Julia und Papia 757 (4 n. Chr.) für das Erbrecht im Vermögen der reichen Freigelassenen (centenarii liberti) sogar gewissermaſsen als Muster aufgestellt[4]).

Es fehlt daher auch nicht an geschichtlichen Zeugnissen, in welchen die Verbindung des Erbschaftsvermächtnisses mit dem Voconischen Gesetz zu Tage tritt. Es genügt beispielsweise an einen Rechtsfall zu erinnern, welchen Cicero (de fin. 2, 17 § 55) aus seiner früheren Praxis anführt. Quinctius Fadius Gallus hatte in seinem Testament versichert: sein Erbe Publius Sextilius Rufus sei von ihm ersucht worden, seiner, des Testators, Tochter die Erbschaft heraus zu geben. Im Testamente selbst war der Auftrag nicht zu befinden, überdies existierte ein rechtlicher Fideicommiſszwang zu jener Zeit noch nicht. Der Erbe berief daher ein Consilium von Freunden, läugnete vor diesen, den Auftrag erhalten zu haben, worin übrigens Niemand ihm Glauben beimaſs, berief sich aber auch darauf, daſs er auf das Voconische Gesetz geschworen habe und sein Gewissen ihm nicht erlaube zur Umgehung desselben die Hand zu bieten, es wäre denn, daſs sich in dem Rath der Freunde andere Ansichten geltend machen sollten. In dem Consilium war man aber einstimmig der Meinung, er brauche der Tochter nicht mehr zu geben als ihr nach dem Rechtsbuchstaben gebühre; denn das Fideicommiſs wurde damals noch als rechtswidrige Umgehung der alten Ordnung aufgefaſst, die den Vorzug der Männer aufrecht hielt. Er behielt also die groſse Erbschaft und erfreute sich dabei einer unge-

[1]) Gai. 2, 226. 227. Plin. ep. 5, 1 § 9.
[2]) Gai. 2, 274.
[3]) Gai. 2, 257.
[4]) Gai. 3, 42.

trübten Seelenruhe: 'magni enim aestimabat pecuniam, non modo non contra leges sed etiam legibus partam'.

Allein dieser Thatsachen und Zeugnisse ungeachtet möchte der Grund des Partitionslegats im Testament der Murdia anderswo zu suchen sein als in dem Voconischen Gesetz. Wenn die Erblasserin auch die Censussumme der ersten Klasse, die nach den spätern Ansätzen nicht nicht mehr 100,000 Asse, sondern 100,000 Sesterzen, also 5500 Thaler unsers Geldes betrug[1]) im Vermögen hatte, so bleibt doch sehr fraglich, ob sie unter den viduae et pupilli censiert war, nachdem in der Kaiserzeit nicht nur das Lustrum sondern auch der Census selbst in Verfall gerieth[2]), dergestalt, dafs z. B. Agricola unbedenklich seine Ehegattin und seine beiden Töchter zu Erbinnen einsetzen konnte. Der tiefere und allgemeinere Grund der Partition liegt daher vielmehr in der secundären Stellung, welche das 'andere' Geschlecht nicht allein im Staate, sondern auch in der römischen Familie einnimmt. Die letztere setzt sich nur agnatisch durch die Potestas des Mannesstammes fort: mulier familiae suae et caput et finis est[3]). Namen, Sacra, Familiengewalten, Stammgüter und gesetzliche Tutelen erhalten sich nur im Mannesstamm, auf die Nachkommen der Weiber gehen sie nicht über[4]). Nicht minder ist das männliche Geschlecht im Erbrecht vor dem weiblichen ausgezeichnet; namentlich werden die Rechte des nächsten männlichen Familienhauptes, des filius suus durch die zwölf Tafeln möglichst sicher gestellt. Das Erbrecht dieses nächsten Erben soll nur durch dreimal wiederholten Verkauf oder namentliche Enterbung beseitigt werden. Töchter und Enkel verlieren

---

1) Savigny Abh. der Akad. 1820. 1821 hist. philol. Abth. S. 223 f. Böckh metrol. Untersuchungen (1838) S. 431. 435.

2) Ulp. fr. 1, 8. censu manumittebantur *olim.*

3) Ulp. L. 195 § 5 D. de V. S. (50, 16).

4) Liv. 45, 40. 'duobus e filiis, quos, duobus datis in adoptionem, *solos nominis, sacrorum familiaeque heredes* retinuerat (Aemilius Paulus) domi, minor — quinque diebus ante triumphum, maior — triduo post triumphum decessit. Laudatio Turiae I, v. 15 'sororem omni[*um rerum*] fore expertem, quod emancupata esset Cluvio'. v. 25 'nec sub condicionem tutelae legitumae venturam, quoius per [*legem in te ius non*] esset, neque enim familia[*e*] gens ulla probari poterat, quae te id facere [*cogeret*] nam — iis qui intenderan[*t non esse id*] ius, quia gentis eiusdem non essent'. Gaius L. 16 § 1 D. de tutelis (26, 1) 'sciendum est nullam tutelam *hereditario iure* ad alium transire, sed *ad liberos virilis sexus descendunt* legitimae, ceterae non descendunt'.

dagegen schon durch einmalige Mancipation oder durch allgemeine Enterbung der 'übrigen Kinder' (inter ceteros) ihr Familienrecht[1]). In Folge dieser Auffassung wird die höhere Ehre der Erbeinsetzung[2]) mit allen ihren Consequenzen für Accrescenz und Heimfall der Legate[3]), so wie für den Anspruch der patres und zwar zunächst der heredes patres auf die verfallenen Güter[4]) ebenfalls ein Vorrecht des männlichen Geschlechts. Die Rechte des andern Geschlechts im Familienrecht wie im Erbrecht beschränken sich lediglich auf Abfindungsansprüche. Schon die väterliche Mitgift (profecticia dos) hat diesen Character. Statt des töchterlichen Erbrechts, welches durch die Manusehe verloren ging, erhält die Tochter eine Abfindung und diese Aussteuer wurde geradezu als eine Gütertheilung (partitio) zwischen Vater und Kind aufgefafst[5]). In gleicher Weise ist das qualifizierte Intestaterbrecht, die Notherbfolge in den väterlichen und grofsväterlichen Nachlafs auf ein sogenanntes Einwachsungsrecht der Töchter und Enkel (ius accrescendi) beschränkt. Das Testament bleibt gültig, Töchter und Enkel entziehen den Erben nur einen Kindestheil, bezüglich die Hälfte, es wird nur angenommen, der Vater habe vergessen, der übergangenen Tochter die gesetzliche Abfindung (partitio) zu geben, nicht aber er habe vergessen sie einzusetzen, welches eben rechtlich unmöglich war[6]). Die nicht qualifizierte Collateralerbfolge der Weiber wurde ganz aufgehoben. Dies gründete sich allerdings auf Usualinterpretation des Voconischen

---

[1]) Gaius I, 132. II, 123 — 134. Ulp. 10, 1. 22, 17. Paul. 3, 4[b] § 8. Nov. Maioriani a. 458. tit. 6 § 3. Iustinian. L. 4 C. de lib. praet. (6, 28).

[2]) Ulp. L. 5 § 6. D. de leg. praest. (37, 5). 'cum hereditates non modo honesto titulo sed et *pleniore honore* tribuantur'. Tac. Agric. 43, 15. 'satis constabat lecto testamento Agricolae, quo coheredem optimae uxori et piissimae filiae Domitianum scripsit, laetatum eum velut *honore iudicioque*'.

[3]) Darin liegt ein Hauptgrund, weshalb die Lex Voconia nur die Erbeinsetzung verbot. Hasse im Rhein. Mus. für Jurispr. (1829) S. 204. v. Vangerow Lex Voconia (1863) S. 18. 19.

[4]) Gaius 2, 207. Ulp. fr. 1, 21. Fragm. de iure fisci a. 3. Iuvenal. 4, 86 — 89.

[5]) Cicero Verr. 1, 44 § 113. 'Quibuscum *vivi bona nostra partimur*, iis praetor adimere, nobis mortuis, bona fortunasque poterit?'

[6]) Gai. 2, 124 — 126. Ulp. 22, 17. Paul. sent. 3. 4[b] § 8. Nov. Maior. a. 458 tit. 6. § 3. L. 4. C. de lib. praet. (6, 28).

Gesetzes[1]), allein selbst in dem nächsten Kreise der suae und consanguineae kommen Partitionslegate vor, welche nicht ausschliefslich auf dem Voconischen Gesetz beruhen, sondern vielmehr nur eine fest begränzte vergleichsweise oder nach der Ansicht des Sabinus und Cassius sogar von Rechts wegen in runder Summe auszuzahlende Abfindung enthalten. Diese bot die für eine Frau keineswegs zu unterschätzende Annehmlichkeit dar, dafs sie sich der Sacralpflicht ganz entziehen konnte[2]) und in Betreff der Erbschaftsschulden nicht mit den fremden Gläubigern, sondern nur mit ihren Geschwistern, den Erben, zu verhandeln hatte.

Die hier behauptete Unabhängigkeit des Partitionslegats von dem Voconischen Gesetz läfst sich an folgenden Beispielen nachweisen.

Gnaeus Magius aus Larinum, der letzte noch übrige Sohn zweiter Ehe der aus dem Prozesse des Cluentius (688 d. St.) bekannten Dinäa, setzte den jungen Statius Albius Oppianicus, den Sohn seiner Schwester Magia zum Erben ein, unter der Auflage, mit der Dinäa, der Mutter des Testators und mütterlichen Grofsmutter des Erben, die Erbschaft zu theilen, ohne dafs von der Voconia die Rede ist[3]).

Marcus Fulcinius der jüngere aus Tarquinii, der Sohn des gleichnamigen römischen Geldwechslers und der Cäsennia, setzt in seinem Testament einen Verwandten Publius Cäsennius zum Erben ein, seiner Ehefrau legiert er ein bedeutendes Gewicht an Silber, seiner Mutter, der Cäsennia, den gröfseren Theil seines Vermögens. Durch diese Concurrenz wurde zwar keine Erbtheilung — denn die Frauen waren nicht Miterbinnen — aber eine Auction und Partition nothwendig, die, wie gebräuchlich, durch einen Argentarius geleitet wurde. Cäsennia erhielt für ihr Quotenlegat eine ansehnliche Geldsumme und verwandte dieselbe zum Ankauf eines Landguts, welches in der Nachbarschaft eines ihr bereits für ihre Mitgift von ihrem Ehemann verkauften Grundstücks belegen war. Der Fall wird

---

[1]) Paul. sent. 4, 8. § 22. 'Feminae ad hereditates legitimas ultra consanguineorum successiones non admittuntur idque iure civili Voconiana ratione videtur effectum. ceterum lex XII tabularum sine ulla discretione sexus agnatos admittit'.

[2]) Cic. de leg. 2, 20 § 50. Atque etiam hoc dant Scaevolae, quom est partitio, ut, si in testamento deductio scripta non sit, ipsique minus ceperint quam omnibus heredibus relinquatur, sacris ne alligentur.

[3]) Cic. pro Cluent. 7, 21.

in der Rede für den Caecina erzählt, ist also älter als 685 der Stadt, um welche Zeit diese Rede gehalten wurde[1]). In beiden Fällen, welche Cicero aus seiner Praxis oder Erinnerung erzählt, wie in vielen andern[2]) erscheint das Quotenlegat ohne näheren oder entferntern Zusammenhang mit dem Voconischen Gesetze, lediglich als das äufserste Ehrenrecht dessen das weibliche Geschlecht im Erbrecht fähig ist. Es bildet daher namentlich ein Vorrecht der nächsten weiblichen Angehörigen, der suae und consanguineae und in weiterer Entwicklung, nach dem Aufhören der Manus, ein Vorrecht der decem und der exceptae personae, denen bei der bonorum possessio contra tabulas Erbschaften und Legate erhalten werden[3]).

3) Das gesetzliche Dotalrecht des überlebenden Ehemannes bestand nach dem damaligen Recht darin, dafs ihm die adventicia dos, abgesehen von ausdrücklichen Stipulationen des Gebers, welche diesem den Rückfall bedingen, sowohl bei beerbter als unbeerbter Ehe ganz verblieb, weil das persönliche Rückforderungsrecht der Ehefrau, die actio rei uxoriae, auf deren Erben nicht überging[4]). Die profecticia dos fiel an den Vater der Frau zurück, der sie gegeben, dem Manne verblieb sie erst dann, wenn der Vater den Tod seiner Tochter nicht mehr erlebt hatte. Doch konnte der Ehemann für jedes Kind, dessen Erziehung ihm zur Last bleibt, ein Fünftheil der Mitgift zurückbehalten, so dafs ihm erst, wenn fünf oder mehr Kinder vorhanden waren, die ganze Dos verblieb[5]).

---

[1]) Cic. pro Caecina 4, 10.

[2]) Beispiele aus späterer Zeit geben Labeo L. 29 § 1. D. de leg. 3° (32) Papinian. L. 23. D. de adim. leg. (34, 4) Ulpian. L. 164. D. de V. S. (50, 16).

[3]) Gelegentlich kommt übrigens das Partitionslegat auch zu andern Zwecken und für Männer vor. L. 39 pr. D. de vulg. subst. (28, 6). L. 104 § 7. D. de leg. 1. (30).

[4]) Dieser Satz stammt noch aus der Manusehe, in welcher die Ehefrau als Quasi-Haustochter erblos starb, wie denn auch ihr Vermögen peculium genannt wird L. 9 § 3 D. de iure dotium (23, 3). Er erschien gerecht, weil sie als sua bei unbeerbter Ehe das ganze Vermögen, bei beerbter Ehe Kindestheil ab intestato erbt. Die lex Maenia übertrug ihn auf die constitutive Dos bei freier Ehe: Arndts die lex Maenia Ztschr. für Rechtsgeschichte 7 (1867) S. 15. 16. Voigt lex Maenia S. 75.

[5]) Ulp. 6, 4. Mortua in matrimonio muliere dos a patre profecta ad patrem revertitur, quintis in singulos liberos in infinitum relictis penes virum, quod si pater non sit, apud maritum remanet. Fragm. Vat. 109. Die Quinten erscheinen in Ehesachen auch im Edict als Strafe einer schwangern Frau, welche den Besitz der ehemännlichen Erbschaft, in welchen sie Namens ihres Kindes einzuweisen ist, vorsätzlich einem Andern überträgt. Gai. 4, 177. Beide Bestimmungen beruhen wahrscheinlich auf der lex Maenia v. J. 568.

Dieser Anspruch gründete sich auf die besondere familienrechtliche Natur der Dotalobligation, welche nicht nur auf bona fides oder bonum et aequum, sondern auf aequius melius gestellt war, so dafs dem Eherichter sogar die Frage ob die Dos billiger dem Vater oder dem Ehemann verbleibe, überlassen war (vgl. Edicti perpetui quae reliqua sunt § 120). Das wieviel mag freilich nach Aufhebung der häuslichen Ehegerichte durch die lex Maenia v. J. 568 fixiert sein. Vgl. Voigt lex Maenia 1866 S. 65f., Arndts Ztschr. für R. G. 7, (1867) S. 42f. Die Quinten werden jedoch nicht zur Strafe 'retiniert' sondern nur 'deduziert', d. h. gleich den Peculiarforderungen des Paterfamilias zurückbehalten, ein Rechtssatz der, wie so viele andere von der Manusehe, in welcher es kein iudicium zwischen Mann und Frau gab, auf die freie Ehe übergegangen ist. Durch besondere Ehepacten durfte der Vater auf sein Recht verzichten, namentlich konnte bedungen werden, dafs der Ehemann, auch wenn der Kinder weniger sind als fünf, die ganze Mitgift einbehalte[1]) und unter den Kindern wurden dann auch die Enkel mit verstanden[2]). Nach diesen Rechtssätzen könnte es scheinen, als ob das ius dotis des zweiten Ehemannes lediglich von diesen Quinten zu verstehen, die actio rei uxoriae selbst aber bezüglich der profecticia dos dem Vater verblieben wäre. Allein der Vater der Murdia war bei Eingehung ihrer zweiten Ehe bereits verstorben, der Anspruch desselben war aber höchstpersönlicher Natur und ging nicht auf die Erben über: quod si pater *non sit*, sagt Ulpian 6, 4, (dos) apud maritum remanet. vgl. Bechmann Dotalrecht I, S. 102. II, 427.

4) Dieses gesetzliche ius dotis wird nun aber noch durch ein Geldlegat (certa pecunia 6) vermehrt. Man könnte dieses von einer Vermehrung der Mitgift, einem augmentum dotis verstehen wollen, welche selbst für den Fall des Todes der Frau noch nicht undenkbar wäre[3]). Allein dies

---

[1]) Paul. L. 35 pr. D. de pact. dot. (23, 4). Si pater dotem dederit et pactus sit *ut mortua in matrimonio filia dos apud maritum remaneret*, puto pactum servandum etiamsi liberi non interveniant.

[2]) Callistratus L. 48. D. sol. matr. (24, 3). Si dotali instrumento stipulatio interposita sit *ut liberorum nomine dos apud maritum resideat*, nepotum quoque nomine dos retinebitur. Die Stelle steht in Verbindung mit L. 220. D. de verb. sign. (50, 16) die aus demselben Buche (lib. 2. Quaestionum) des Callistratus excerpiert ist.

[3]) Ulp. L. 3 pr. D. de leg. 3 (32)... Sed et si mortis causa auxerit marito dotem .... potest dici fideicommissum ab eo deberi. Iulian. L. 31 § 4. D. sol. matr. (24, 3).

hätte nur dann Bedeutung gehabt, wenn Dos und Legat an verschiedene Personen fielen, nicht aber wenn doch beide dem Manne blieben. Der Sinn ist also vielmehr: dem Mann sollte noch über die Gränze dessen, was er schon gesetzlich fordern konnte, durch eine freie Gabe, ein 'honor iudici', d. h. ein ehrender Beweis der Anerkennung und Dankbarkeit zu Theil werden. Eine ähnliche Verfügung erwähnt Paulus, nur mit den Worten eines Fideicommisses: Lucio Titio marito meo, cui maximas gratias ago, dari volo *super dotem*, quam ei dedi, tot aureos[1]).

In der Zeit der christlichen Kaiser wurde dem wieder heirathenden Ehegatten durch ein Gesetz der Kaiser Leo und Anthemius vom 27. Februar 469 untersagt, dem zweiten Ehegatten unter Lebenden oder auf den Todesfall mehr zuzuwenden als dem mindest bedachten Kinde aus erster Ehe zu Theil geworden ist. Der Überschufs soll nach späteren genauern Bestimmungen nach dem Augenblick des Todes des coniux binubus berechnet und unter die Kinder erster Ehe, welche den Anspruch nicht durch Undank verwirkt haben, zu gleichen Theilen vertheilt werden[2]).

Durch unsere Urkunde erfahren wir daher ein Stück Rechtsgeschichte dieses neuen Grundsatzes. Die Sicherung gegen den Einflufs des zweiten Ehegatten war den Kindern erster Ehe nach älteren Recht noch nicht durch Gesetz gewährleistet. Vielmehr war die Privatautonomie nach dieser Richtung noch unbeschränkt. Aber das Dotalrecht und Geldlegat des zweiten Ehegatten reichte schwerlich so weit und war auf keinen Fall so ehrenvoll, als die Erbeinsetzung und das Prälegat zu Gunsten des einzigen Sohnes erster Ehe, welchem wahrscheinlich die seiner Mutter

---

[1]) Paul. L. 11. D. de dote praelegata (33, 4). Ein ähnliches Legat kommt in L. 34 § 7 D. de leg. 2 (31) vor: Γάιον Σέιον τὸν ἄνδρα μου παρακατατίθημαί σοι, ὦ θύγατερ. ᾧ βούλομαι δοθῆναι εἰς βίου χρῆσιν καὶ ἐπικαρπίαν μετοχὴν κώμης Νακλήνων, ἣν ἔφθασα δεδωκυῖα εἰς προῖκα, σὺν σώματι τοῖς ἐμφερομένοις τῇ προικί· καὶ κατὰ μηδὲν ἐνοχληθῆναι αὐτὸν περὶ τῆς προικός. ἔσται γὰρ μετὰ τὴν τελευτὴν αὐτοῦ σά, καὶ τῶν τέκνων σου.

[2]) L. 6. C. de secundis nupt. (5, 9) Impp. Leo et Anthemius A. A. Erythrio P. P. Dat. 2. cal. Mart. Martiano et Zenone coss. 469. L. 10. C. eodem (a. 486) Nov. 22. c. 27. 28. Die Wirkung des Gesetzes war nämlich für die älterliche Auctorität so nachtheilig gewesen, dafs man remedieren mufste: Liberi enim scientes, quod omnimodo aliquid sibi a genitoribus suis etiam nolentibus relinquendum est et tantum quantum secundus maritus vel noverca acceperit, omni licentia et lascivia suos genitores iniuriis adficiebant. (L. 10. C. cit.).

vermachte Vermögenshälfte zurück vermacht wurde. Eine so weite Ausdehnung hätte sich eher für die Wittwenversorgung der Frau als für die Verhältnisse des überlebenden Wittwers geeignet.

5) Es bleibt noch übrig das Recht der Erwerbungen aus erster oder früherer Ehe (lucra prioris matrimonii), für welches unsere Urkunde nicht minder lehrreich ist, als für die Zuwendungen an den neuen Ehegatten.

Das christlich römische Recht versuchte auch dieses Verhältnifs gesetzlich zu ordnen.

Gratian, Valentinian und Theodosius erliefsen darüber am 25. December 382 ein Gesetz folgenden Inhalts. Die überlebende Wittwe soll Alles, was sie aus dem Vermögen ihres ersten Ehemannes durch irgendwelche Liberalität desselben erworben hat, den Kindern erster Ehe zuwenden. Doch werden die unwürdigen ausgenommen und der Mutter die freie Auswahl vorbehalten. Man fürchtete die Rückwirkung auf das Betragen gegen die Mutter, wie sie nach Angabe der spätern Verordnung des Leo über die Liberalität gegen den zweiten Ehegatten in der That eintrat. Veräufserungen und Verpfändungen an Dritte werden zu Gunsten der Kinder unwirksam. Das Recht der Kinder ist sogar auf die Intestatportion erstreckt, welche die Mutter nach dem senatusconsultum Tertullianum neben einer Schwester von ihrem verstorbenen Kinde erster Ehe geerbt hat. Das Recht der Mutter beschränkt sich also auf lebenslänglichen Besitz und Fruchtgenufs. Erst wenn kein Kind erster Ehe vorhanden oder alle Kinder verstorben sind, erhält sie das unbegränzte Verfügungsrecht[1]).

Die uralte Privatautonomie des Hausvaters, als Familienhauptes wagte man also damals noch nicht anzutasten. Erst im Jahre 439 unterwarf eine Novelle Theodos des zweiten und Valentinians des dritten in der östlichen Reichshälfte auch den Vater derselben gesetzlichen Beschränkung[2]).

---

[1]) L. 2. C. Th. de secundis nuptiis (3, 8) Impp. Gratianus, Valentinianus et Theodosius A. A. A. Floro praefecto praetorio — Dat. VI Kal. Ian. Constantinopoli Antonio et Syagrio Coss. (382) = L. 3. C. de sec. nupt. (5, 9).

[2]) Nov. Theod. Tit. 7. ed. Berol. Nov. 20, Haenel Tit. 14. Data VII Id. Sept. Constantinopoli Theodosio Aug. XVII et Festo V. C. Coss. a. (439) = L. 5. C. de sec. nupt. (5, 9) Dat. VII Id. Septemb. Constantinop. Theodosio A. XVII et Festo Coss. (439).

Durch spätere Novellen wurde der Mutter auch der letzte Rest ihrer früheren Testierfreiheit, das Wahlrecht unter ihren Kindern entzogen[1]).

Die Sicherheitsleistungen der Mutter ordnet ein Gesetz von Leo vom 27. Februar 469 nach älteren Mustern. Sie leistet den Kindern Bürgschaft wegen Benutzung und Restitution der Mobilien. In Ermangelung derselben erhalten die Kinder den Besitz, wenn sie ihrerseits der Mutter den Genufs und die Restitution verbürgen. Widrigen Falls bleibt die Mutter im Besitz bis zu ihrem Tode und die Kinder erhalten nur ein gesetzliches Pfandrecht vom Tage des Anfalls der lucra an die Mutter[2]). Die Abschätzung der Mobilien erfolgt eidlich durch Sachverständige (arbitri), welche beide Theile, Mutter und Kinder zu erwählen haben[3]).

Alles dieses finden wir bereits im Testament der Murdia. Die bestimmten Sachen, welche sie von ihrem ersten Ehemann durch Liberalität empfangen hatte, giebt sie dessen und ihrem einzigen Sohn erster Ehe durch Prälegat des Eigenthums zurück, so dafs sie in der That nur die lebenslängliche Benutzung gehabt hat. Selbst für die Abschätzung der Abnutzung ist Sorge getragen. Durch den usus der Mutter waren also diese Gegenstände nicht verschlechtert, sondern vielmehr erhalten und verwahrt (ussu suo custodita Zeile 12).

Auch dieser Theil der Urkunde gewährt demnach einen Einblick in die geschichtliche Entwicklung.

Was die spätere Gesetzgebung der christlichen Kaiserzeit von Staats wegen zu bewirken suchte, indem sie die Kinder nicht ohne Gefahr für das sittliche Ganze der Familie auf sich selber stellte, das erreichte die vorchristliche Sitte im Wege der Privatautonomie auf einfacherem Wege und ohne jeden legislativen Apparat.

---

[1]) Nov. Maior. 8 § 8 ed. Berol. Nov. 91, ed. Haenel Tit. VI. VII Kal. Nov. Ravennae Leone et Maioriano A. A. Coss. (438) — Nov. Severi Tit. I, ed. Ber. Nov. 85, ed. Haenel pag. 335 — 338. Dat. X. Kal. Mart. Romae, Basilio V. O. Cos. (463) — Nov. Iust. 2. praef. c. 1. — Nov. Iust. 22. c. 30.

[2]) L. 6 § 1. 2. C. de sec. nupt. (5, 9) Impp. Leo et Anthemius A. A. Erythrio P. P. Dat. 2. Cal. Mart. Martiano et Zenone oss. (469).

[3]) L. 6 § 1. C. cit. mobilium vero rerum, iustis pretiis aestimatione habita per eos quos utraque pars elegerit arbitros, iudicaturos interposito sacramento, simili modo usum fructum habeat si idoneam fideiussionem praebuerit rel.

Kolibri 360 GmbH
Ferdinand-Jühlke-Straße 7
99095 Erfurt, Deutschland
produktsicherheit@kolibri360.de